災害とデマ

堀 潤
Hori Jun

JN197653

インターナショナル新書 154

はじめに

リテラシーを身につけた人たちが、本当のSOSも遠ざけてしまうことに危機感

災害報道の現場で、日々、デマと向き合っています。SNSに書き込まれた偽情報だけではなく、AIによって作られた嘘の画像や映像が当たり前のように流布される時代になりました。

私は、デマそのものが人々を動かすことよりも、ある程度のリテラシーを身につけた人たちが「簡単に信じてはいけない」と情報から距離を置くことで、本当のSOSも遠ざけてしまうことに危機感を抱いています。それによって、ワンテンポもツーテンポも必要な支援が遅れていくことを実感しているからです。

デマの恐ろしさは、事実を嘘によって見えにくくさせ、疑心暗鬼を生み出すことにあります。時にはそれが憎悪の連鎖に火をつけ、排除排斥、やがて暴力へと堕ちていくことが

実際に起きてきました。１００年前の関東大震災で発生した、朝鮮半島出身者などへの殺傷は忘れてはならない教訓であり、その事件の構造は現代の社会にも横たわる改善すべき大きな課題です。

フェイクニュース対策の重要性が広く認知されるようになり、情報を検証するファクトチェック機関が国内外で誕生する一方、報道機関の取材体制は「拡大・充実」よりも「縮小・合理化」に向かっています。いかに速やかに多様な現場の事実を伝えるか、その本分をまっとうできていないのが実情です。

そうした中で、私が自戒の念を込めて取材を続ける「名もなき災害」があります。地震、台風、土砂災害、竜巻、熱波、大規模停電。毎年のように日本各地でさまざまな災害が発生しますが、社会の教訓として語り継がれ、記録や記憶に深く刻まれる災害は全体のうちごくわずかです。

死傷者数や建物の被害件数など、被害の大小によってメディアによる選別が行われてしまいます。ひとりの命の重みが、公益の名のもとに軽んじられることがあるのです。もっと下衆《げす》な言い方をすると、人々の興味の度合いが、その人の、その地域の命と暮らしの価値を決めてしまう。黙殺されるように、支援が届かず、孤立や孤独で不便と不満を溜め込む被災地だってあるのです。

　阪神・淡路大震災や東日本大震災、東京電力福島第一原子力発電所の事故でさえ風化の波に晒され、伝えきれていない事実が山のようにあります。既存の報道取材の枠組みでは十分に現場の取材、検証ができない「名もなき災害」が生まれ続けています。知らされなかったり、忘却が進むことによって、その災害の名称さえわからなくなってしまうのです。

「名もなき災害」の被災現場を誰が伝えるのか

　それはたとえば当時、内閣改造などの政局とも重なり、現場の実態が十分に報道されなかった２０１９年９月の千葉県での台風15号の被害です。影響のあった地域全体で死者13人、負傷者１６０人、千葉県を中心に住宅被害は９万棟を超える災害でした。

　発災の翌日にＳＮＳを通じて私に届いたＳＯＳで現場に駆けつけると、停電や通信障害で館山《たてやま》市や鋸南町《きょなんまち》の一部が孤立していました。70歳を超えるお年寄りが、寝たきりのお年寄りの家の屋根にブルーシートをかける姿に胸が締めつけられました。ＳＮＳでの発信なき、孤立した「老老支援」の現場です。誰からの支援もなく、お年寄り同士がなんとか支え合っていました。

テレビでは、気象情報などを中心に、災害が発生した事実は報道されても、個々の現場の被災状況が取材されず、支援が後手に回る状況でした。君津《きみつ》市の特別養護老人ホームでは停電によって十分に冷房が使えず、82歳の入所者のお年寄りが熱中症の疑いで命を落としました。この施設は停電直後から国や県へ電源車の配備を求めていましたが、実現したのは停電から4日目で、その間、非常用の自家発電機だけでしのぐことを強いられていました。もっと早く報道ができていればと申し訳なく思います。

停電発生から2日後の館山市や鋸南町でも「堀さんの取材がはじめてだ」といって、堰《せき》を切ったように被災状況と必要な支援を語る方に何人も出会いました。

千葉だけではありません。新潟や静岡での豪雨災害、北海道や大阪での地震被害、「まだ報道されていません。街の現状を伝えてください」と、切実な表情で取材を受け入れてくれた被災地が各地にあります。

そうした現場ひとつひとつで、デマや誤った情報との格闘があります。２０２２年9月に静岡県で発生した、台風の影響による豪雨災害では、市街地全体が大規模に水没するという、生成ＡＩで作られたフェイク画像が広く出回り、人々を混乱させる事案が問題になりました。画像はフェイクだと、ほどなくして明らかになりますが、画像の作成者は「警鐘を鳴らすためにやった」とSNSで明かし、生成AIの課題を知らしめるための意図的な行為だったと説明しました。しかし、深刻な問題は、その後に起きます。

当時、私はちょうど静岡県内で取材を続けていました。大規模に水に浸かった市街地の写真は作られた偽の写真でしたが、実際は胸の高さまで水に浸かってしまい支援を待つ地域があったのです。写真ほどではありませんでしたが、それでも、地区全体が水没してしまい、泥かきや後片づけ、修繕などでボランティアの支援を求めていました。しかし、「静岡の水没はデマ」という情報が出回ることで、本当の被害が知られにくくなってしまったのです。大変な迷惑でした。

災害ひとつひとつにさまざまな現象があり、課題があり、そして教訓があります。災害を経験した方々の中には、二度とこんな思いをしてほしくない、それを伝えたいと感じている人たちが大勢います。

そうした「名もなき災害」の被災現場を一体誰が伝えるのか。私は、NHK在職中に、市民メディア「8bitNews」を立ち上げ、被災当事者の皆さんと共に、情報の空白域を埋める報道を続けてきました。

災害が発生すると自分のLINEのIDなどをSNSで公開し、情報発信の支援が必要な人がいれば連絡をくださいと被災された方への呼びかけを行ってきました。発信をするとすぐさま多くの反応が返ってきます。

「私の地域は全然支援が回ってきません、粉ミルクが足りません」「親戚と連絡が取れないので、現場に行ってもらえませんか？」など、切実なSOSが瞬時に集まります。そして「被災されたご本人ですか？　ご家族ですか？」「SNSで見かけた情報ですか？　いつのものですか？」など連絡をくださったひとりひとりと直接確認のやり取りを行い、どれが本当に今耳を傾けるべきSOSなのかを精査し、必要とわかれば共に発信をしながら、私が現場に急行します。

玉石混交の混沌とした情報の渦から、どれが本当の声なのかをふるいにかけ、速やかな発信と救援、支援につなげる報道です。今、この時代にこそ必要な、市民の皆さんと一緒に作る報道の形、そう信じてこの12年活動を続けてきました。

市民の皆さんと共に発信をしてきた経験を、次の防災につなげる

私は、２０１３年に『変身―Metamorphosis』という映画を制作し、２０１４年に劇場公開しました。日米それぞれで起きた原発事故に関連した当事者たちの声を取材したドキ

ュメンタリーです。

その中のひとつが、１９７９年に起きたスリーマイル島原発の事故の現場です。アメリカ原子力史上最悪の事故と呼ばれたメルトダウン（炉心溶融）でしたが、ペンシルベニア州の地元では現在も原発の状況をチェックし続けているスリーマイルアイランドアラートという団体があります。映画のラストシーンは、その団体の代表、エリック・エプスタインさんのこんな言葉で締めくくっています。

「きっとあなたの国の事故も世界から忘れられるでしょう。この間もたくさんの災害や事件が世界中で起きている。私たちの事故も風化した。人々は集中力を保てない時代です。だからこそ、これだけは覚えておいてほしいのです。それは、始まりの年月日です。それが大切なのです。なぜなら、一度起きた事故に終わりはないからです」

これまでを振り返ると、まさにエリックさんが言ったことがそのまま当てはまるような約10年だったと思います。気候変動による影響を体感として感じるほどの急激な変化も起きています。次から次に襲ってくるさまざまな自然災害。地震や噴火のリスクにも常に直面しています。

それに加え、ここ数年では毎年のように各地で深刻な戦争や紛争が勃発。世界が分断の渦に飲み込まれていくように、不安定な社会環境が広がっています。そうした中、技術革新は止まることなく、生成ＡＩの誕生と急激な成長によって、情報を取り巻く環境も利便性と脅威の間で揺れ動いています。

今こそ、ひとつひとつの現象に楔《くさび》を打ち込みながら、前進のための検証と共有が必要だと強く感じています。本書では、私がＮＨＫ退局後のおよそ10年間の取材で訪れた、国内外の自然災害や紛争による被災地で市民の皆さんと共に発信をしてきた経験を、次の防災につなげるために書き残して参ります。

どうか、これ以上、暮らしを痛め、不幸を背負う人々が増えることがないよう願って。

目次

＊本書に登場する人物の年齢・所属は取材当時のものです。

第１章　能登半島地震でも起きた「偽ＳＯＳ」

SNSに飛び交った悪意ある「デマ」と善意の「デマ」

2024年元日に発生した能登半島地震をめぐっては、大量の誤情報や偽情報、いわゆるデマが写真や映像で拡散されました。

2011年に発生した東日本大震災の津波の動画が、能登半島地震で発生した津波のライブ映像として拡散されたり、陸上自衛隊がかつて北海道の訓練場の海岸線に演習のため設置した波消しブロックの写真が、地震による海岸線の隆起を捉えた写真だとして流布されたりと、さまざまな怪しい発信が確認されました。

その都度、非営利の検証組織、日本ファクトチェックセンターなどが誤情報であるという発信を行い、デマの打ち消しを続けていました。おかしいなと思った写真は、Googleの画像検索を使えば瞬時に他の投稿で使われていないか確認ができるため、ファクトチェックを行うには有効な手段だと、SNS利用者に対する呼びかけも続けてきました。

そうした中、さらに悪質だったのは、SNSを使って家族の救援などを求める「嘘のSOS」の発信です。「家族が倒壊した自宅の下敷きになり生き埋めになっているので助けてください」といったメッセージに加え、住所や連絡先までが書き込まれている投稿があちらこちらで発信されていました。

能登半島地震発災直後の2024年1月2日から5日にかけて、SOSのあった七尾市、穴水町、輪島市、志賀町などを訪ねた。 撮影／堀潤

具体的な地番まで書かれており、一見すると緊急を要する本物のメッセージのように見えたものばかりです。そうしたメッセージがさらに丸ごとコピーされ、さまざまなアカウントで発信されていく様子も私はリアルタイムで追っていました。

みるみるうちに数十、数百単位で投稿がシェアされ、「いいね」の数が急激に増えていく様子を見ていると「これだけ多くの人たちが注目しているのであれば、きっと本当のSOSだろう」「自分も拡散に協力しなければ被災者の命が果てるのを見過ごしてしまう」という焦りと罪悪感が段々と膨らんでいきます。

私のSNSへも「拡散に協力してください！」「支援を待っています。助けてください！」といったメッセージがフォロワーの方々から次々と寄せられ、善意に支えられた、たすきリレーが起きているようでした。

もし私が取材を職業にしていなかったら、きっとそのままシェアをしていたと思います。たとえ情報が少々間違っていたとしても、シェアするくらいなら大丈夫だろう、そんな思いさえ抱いたかもしれません。しかし、そうした安易な気持ちが逆に誰かの命を奪う行為につながっていくことを、学びとらなくてはなりません。

能登半島地震の偽ＳＯＳを巡っては、逮捕者が出ました。石川県警は地震発生から半年あまりが経過した、７月24日、ＳＮＳ上に「倒壊した建物に親族がはさまれ重篤な容体に陥っている」といった内容の書き込みを行い、救助を求める虚偽の投稿をしたとして、埼玉県八潮《やしお》市に住む会社員の男性を偽計《ぎけい》業務妨害容疑で逮捕しました。

男性の投稿を受けて、実際に石川県警の機動隊員が救助に向かったものの被害は確認されなかったといいます。災害時の悪質なデマは人命救助や復旧活動に深刻な影響を及ぼす恐れがあるとして、逮捕されたのです。警察当局が厳格な姿勢を示した形です。石川県警によると、男性は取り調べで容疑を認め「震災に便乗して自分の投稿に注目してほしかった」などと供述しているといいます。

能登半島地震では「インプレゾンビ」という言葉にも注目が集まりました。ＳＮＳのインプレッション、閲覧数を稼ぐためにデマや過剰な情報を発信したり無意味な投稿を繰り返したりするアカウントのことを指します。

特にX（旧Twitter）では、投稿のインプレッション数に応じて報酬が支払われる仕組みを導入していたため、デマを流してでも耳目を集めようとする利用者が増えたのではないかという指摘が専門家からも相次ぎました。

私のアカウントもインプレッション数に応じて報酬が支払われてきましたが、相当な耳目を集め、数百万を超えるアクセスがあったとしても、その額は1万円前後です。その金額を得るための行為が、誰かの救助の機会を妨害し、命を奪うことにつながりかねないのです。

はっきりいうと、多少のインプレッションを重ねたとしても、大して儲かりません。ちょっとした欲望で、自らの人生だけではなく誰かの大切な命や暮らしを奪うことにつながるなんて馬鹿馬鹿しすぎます。次の災害では、こうした行為が収まることに期待します。まったく愚かしい行為であり、犯罪につながります。

デマかそうでないかを判別するためのポイント

そうした中、日本ファクトチェックセンターは能登半島地震に絡んだこうした偽情報を、5つの類型に分類し注意を広く促しました。

ひとつ目は「実際と異なる被害投稿」。過去の災害時の写真や映像を使って避難を呼びかけるなど、一見正しいように見えて、被害の規模や状況をねじ曲げてしまう、事実と異なる投稿です。実はこの地震の報道に限らず、SNS上では国内外で災害が発生するたびにこのタイプの発信が目につきます。

2023年、アフリカ・リビアで大規模な洪水被害が発生した際、SNSで出回った映像の中には、静岡県熱海市での土石流災害の様子がさまざまな言語のキャプションがつけられ出回っていることに気がつきました。急激な斜面で大量の土砂が一気に流れ出し、次々と住宅を破壊していく映像です。

私はたまたま当時、現地を取材していたので、映像を見た瞬間に「熱海だ！　リビアではない」と判別がつきました。しかし、もし熱海での災害の状況を知らなかったら、違和感のない情報としてその映像を受け入れてしまいそうだという危機感も抱きました。

ふたつ目は、先ほど説明した「不確かな救助要請」です。まるで自分が被災当事者のような書き振りで、「#SOS」などのハッシュタグを文末に添えて投稿するケースです。そうした投稿が不確かなものかそうでないかを判別するためにいくつか注目するポイントがあります。

まず、そのアカウントがいつ作られたか。新し過ぎるものは警戒します。次に誰をフォローし、誰にフォローされているのか。やたら外国語が目立つなど、言語や地域で同質のものが並んでいれば距離を置きます。投稿が極端に少なかったり、コピペのような文章が並んでいれば、相手にしません。

さらに、アイコンの画像です。画像がないものは基本的に弾きます。不自然な質感の顔写真も判断材料とします。最後に、プロフィールにそのほかのSNSのリンクが貼られているかです。そのリンクの記載がなかったり、商業サイト、LINEグループなどに誘導される場合は、怪しいと判断しています。

3つ目は、「虚偽の寄付募集」です。SOSの書き込みの末尾に、PayPayのリンクを貼りつけ、支援を呼びかける投稿です。能登半島地震では、利用者の通報によりそうしたアカウントが何度も削除されました。しかし、その後も新たなIDで再度、寄付を呼びかけるような投稿が確認されています。偽名や匿名のアカウントの向こう側に誰がいるのか。私もそれがはっきりとわからないうちは、寄付などは控えるようにしています。

4つ目は、「根拠のない犯罪情報」です。外国人窃盗集団が活動している、独居のお年寄りを狙った詐欺が横行しているなど、防犯を促す投稿です。この種の発信を判断するには、高いリテラシーが求められます。実際に災害時には空き巣や農作物の窃盗などの被害が発生しますし、性暴力事件や家屋の修理修繕を持ちかけ高額な料金を請求する詐欺行為なども横行します。完全なるデマと判断するのには時間がかかり、受け手側の冷静さが求められます。

こうした情報が外国人や県外からの来訪者に対する疑心暗鬼を生み出し、地域社会で憎悪が煽られていくこともあります。関東大震災の時のような差別や暴力の連鎖を生んではいけません。犯罪情報に関しては警察の捜査結果などを待つのも対処の仕方のひとつです。それまでは、安易にＳＮＳで拡散するのではなく、静かにひとりひとりが心の内で防犯への意識を高め行動していくことが望まれます。

そして最後、5つ目は、「陰謀論」などです。「人工地震による攻撃を受けている」「放射性物質を含む水が約420リットル漏洩中だ」など、ひょっとしたらあるかもしれないという興味関心を引き寄せ、科学的根拠に基づかない不正確な情報で人々の耳目を集めようとする発信です。陰謀論は一度はまってしまうと抜け出すのが厄介です。

私は定期的にメディアリテラシーに関する出前授業を小中学生とその親御さん向けに行う機会があるのですが、そこでは必ずと言っていいほど「どの情報を信じればいいですか？」という質問が寄せられます。本書を読んでくださっている皆さんにも、ぜひ共有したいのは「参考にする情報はあっても、信じてもいい情報はない」ということです。

信じるという行為は、ある意味自分で考えるのをやめて、誰かの考えに身を委ねてしまう振る舞いです。そもそも情報とは、ある事象が人のフィルターを介して発信された時に「情報化」され生まれるものです。人のフィルターを介すというのは、その人の視点であったり、思想であったり、価値観であったり、こうあるべきだという思い込みであったり、さまざまな思惑が添加されることで、形が変わっていくものです。統計的な数字でさえも、設問の仕方やどの値を注視するかによって角度が変わっていくものです。

ですから、情報と接する時には、自分を客観視できるような距離感を保ち続けてほしいのです。その上で、他の情報とも比較し、自ら考え、選択していくための一助として活用する、ある程度突き放した感覚で情報と向き合う姿勢が求められるのです。

災害が発生した時には、理性が利かなくなるほど動揺したり、不安な気持ちになったりと、平常心でいることは困難です。だからこそ、デマや陰謀論が心の中に侵入しやすくなってしまいます。そうした状況を見越して、発信を強める「輩《やから》」たちがいることも知っておいてください。生成AIをはじめとしたデジタル技術の発展によって、情報による2次災害が広がる時代を私たちは生きているのです。

デマへの対処として実践した「個人LINE」の公開

こうした環境下で、災害発生時にメディアの人間としてすべきことは何か。それはやはり「現場取材」に尽きます。SNS上にあふれる玉石混交の情報の渦を整理するためには「現場の事実」が必要になります。

そして匿名の発信があふれる中、責任の所在が明らかな、記名性の高い情報がデマを打ち消すための有効な発信です。

食に置き換えると多くの方がイメージしやすいかもしれません。安全安心を得るには、生産者の顔が見えることや、オーガニックで透明性の高い生産工程であることが条件になると思います。誰が、どこで、どのようにして取材したものなのかが明らかであることが、安心して情報に接することができる環境整備につながります。

しかし、特に災害の現場は、交通インフラが破壊されることによって、アクセスが困難になり、そうすると途端に行政や公共機関が発表する「数字で表す被災地」、つまり、孤立集落の数や停電件数などが初期報道の中心になってしまいます。そして、そんな解像度の粗い報道の間隙《かんげき》をつくように、フェイクニュースや陰謀論がメディアにあふれ人々を惑わしていきます。

そうした時、現場の事実をいかに速やかに取材し、精査し、映像化して発信するか。私がNHKを退局してまで発展させたかった市民メディアの狙いは、解像度の高い災害報道を実現させるためでもありました。

全体を俯瞰し、把握し、変化を見守る鳥の目と魚の目。多様で複雑な被害や支援ニーズを捉える複眼的な虫の目。それらの目を作っていくには、私たちメディアの人間と現場にいる被災した当事者、関係者の方々との連携が欠かせません。私は災害が発生すると、自分のLINEのIDを「発信の支援が必要な当事者の方がいたら連絡をください」というメッセージを添えて、主にXで公開します。

どの場所に、どのような支援ニーズが埋もれているのか、地図上で見える化し、被災当事者からの確度の高い情報を得るためでもあります。デマや思い込み、古くなってしまった情報もある中から、本当に今すぐ対処が必要な情報が何かをふるいにかけるための作業でもあります。
能登半島地震発生の２０２４年１月１日午後４時10分、私はアメリカ・サンフランシスコに滞在していました。
一報を受け、成田空港に着いたのが、翌１月２日午後３時。日本のスマートフォンの接続が復活し、ＸでＬＩＮＥ ＩＤを公開、下記のように呼びかけました。

堀潤 JUN HORI
いま、米国から成田に戻ってきました。これから身支度を整えて北陸に向かいます。孤立した集落からのＳＯＳ、足りない支援物資、伝えたい現状などあれば被災された方々やご家族の発信を支えますので、必要な時には僕のＬＩＮＥまでご連絡下さい。ＬＩＮＥ ＩＤは、junhori1 です！

空港からの帰途、都内のアウトドアショップで冬の能登半島で夜通し取材が可能な防寒着を調達し、自宅に戻りヘルメットと機材をピックアップし、そのまま復旧したばかりの北陸新幹線で現場に向かいました。

翌日以降、出演を予定していたテレビやラジオ番組の制作スタッフの皆さんに現地からの中継出演などを打診し、ＴＯＫＹＯ　ＭＸ「堀潤モーニングＦＬＡＧ」の齋藤《さいとう》伊武輝《いぶき》プロデューサー帯同で取材、制作態勢を整え、移動手段の確保に努めました。

行きの新幹線の中では、金沢のタクシー会社と調整がつき1台を確保。通行止めが各所で発生しているためどこまで入れるかは不透明でしたが、なんとか能登半島での取材の目処が立ちました。

一方で、私のＬＩＮＥには次々とメッセージが寄せられていました。直接の被災者ではなく、その家族や友人の皆さんたちからの連絡が主でした。ＳＮＳで見かけた情報を知らせてくれる方もいて、その内容はさまざまでした。現場に着くまでの間に、50名以上の方々から連絡が入りました。

その中から、被災者または被災者のご家族とみられる方々を選び、おひとりおひとりにメッセージを返しつつ、緊急のＳＯＳを発信されている方には、電話をかけ本人確認と状況のさらなる聞き取りを行っていきました。ＬＩＮＥでのやり取りを一部紹介させてもらいます。

【Aさん】

輪島市××町に在住しているAと申します。

知人より紹介を受けメッセージしました。私は妻子とともに、妻の実家の△△へ避難しており、現地の情報を何とかかき集めつつ支援していただける人に伝えられたらと配信を続けています。現在、輪島市町野町《まちのまち》は、国道も県道も分断されている状況で孤立しており大規模な停電によって、スマホの電波も入るエリアが限られてほとんどの避難所で連絡ができない状況が続いています。

現地からの声で灯油がつきそうだと言ってます。

また避難者数が多い避難所では精米などの食べ物も不足し始めているとのことです。

ただ道路がかなり崩落箇所もあっていけない状況もあるので、ご無理のない程度で避難所への支援を頂けたら幸いです。

現在分かっている避難所は、
JA能登（原文ママ）町野支店
輪島市立東陽中学校
旧輪島市立東小学校跡地体育館
町野町金蔵　集会所
町野町川西　瑞穂神社

町野エリアでは以上ですが、未だ複数箇所の集会所や車中泊にて避難している人がいる模様です。


【堀】

Aさん！

大変な時にご連絡ありがとうございます。現場の被害、Aさんをはじめとした被災された皆さんのことを思うと言葉がありません。とにかく、一刻も早く支援が行き届くよう、発信をしてまいります。これから成田を出て現場に向かいます。SNSでは個人からのSOSがフェイクに混じってしまいうもれてしまうジレンマがあります。僕がフィルター役になって、少しでも拡散できればと思いLINEをオープンにしました。Aさんからいただいた情報も発信してまいります。もし、動画、音声、写真などあれば、かわりにしっかりお伝えさせていただきます！　通信も電力も限られているので難しいかと思いますが、もし輪島にいるみなさまが直接発信されたい時にも、活用してくださ い！！！
伝えます。
取り急ぎお返事まで！　引きつづきよろしくお願い申し上げます。Aさんもご家族も心身共に負担が大きいかと思います。どうかどうかご自愛ください。つながっております！

ありがとうございます。

【Aさん】

新しい情報で、現在避難所にも行けない孤立集落がでており、私の住んでいる集落も崩落陥没箇所がある為、避難所まで出られないとのことです。

集落の中には、要介護者もいるのと、透析を行っている人もいる為、早めの救助を必要とする人がいる状況です。

なにとぞお助けいただきたくお願い申し上げます。

＊　＊　＊　＊　＊

【Bさん】

堀さま

初めまして、Bと申します。

能登町七見《しちみ》付近に妻方の親戚が暮らしていますが、道路とライフラインの寸断で飲み水、食糧、電話での連絡もままならない状況です。

私は△△に暮らしていまして何も出来ず非常に恐縮ですが情報として共有させて頂ければ幸いです。
宜しくお願い致します。

（堀電話）

先程はお電話ありがとうございます。
親戚の住所は
石川県鳳《ほう》珠《す》郡能登町△△××-××
ですが、田舎なので皆が省略した住所で把握していてＧｏｏｇｌｅマップなどでピンポイントの検索は出来ませんでした。
この辺りの方々が孤立状態にある様です。（地図の画像）

避難所として◯◯小学校が指定されているそうですが車で10分程度の距離ですが自動車が通れない所もあり諦めたそうです。

75歳と高齢なので歩いて行くことも出来ずに自宅に戻って過ごしているとの事でした。もし、どちらかに支援場所を伝える機会がありましたら共有して頂けると有り難く思います。

大変な状況の中のご返信、大変感謝しております。
どうかお気をつけて。

ありがとうございます。

【堀】
先ほどはお電話ありがとうございます!!
情報をまとめて発信させてもらいます。少しでも多くの方に届きますように!

いま、現場に支援に向かっているチームにもシェアしました！

【Bさん】
有難うございます。
こちらは何も出来ず恐縮です。
埼玉で暮らす義父母にも伝えたところ大変感謝しています。
どうかお気をつけて。

××からは別の方からも連絡がありました！避難所がいっぱいで、傾いた自宅に戻ってきたとのこと。本当に一刻もはやく救援を要請したいと思います！

【堀】
やはりそうなんですね、ありがとうございます！

＊　＊　＊　＊　＊

【Cさん】

失礼します。

私の母は石川県七尾《なな お》市に住んでいて被災しました。やっと先ほど連絡が取れました。避難所は満杯で仕方なくかろうじて倒壊の免れた家で今も揺れが収まらない状態でいます。

断水をしており、復旧の見込みたたず、避難所へ行っても支援物資が一切届かず、心配です。

2007年にあった能登沖地震（原文ママ）と比べものにならない揺れだそうです。現地の様子と救援物資等の情報があればお願いします。


【堀】

Cさん、ご連絡ありがとうございます。本当に心配です。Cさんも、お母様も本当に大変なお気持ちだと思います。七尾からは別の方からもご連絡いただきました。発信して参ります。

【Cさん】
すみません。
お電話出られず申し訳ありません。

堀さんありがとうございました。
堀さんの情報発信のことを母に伝えようと電話しましたが、つながりませんでした。
断続的に余震が続いています。どうぞ気をつけて取材してください。

【堀】
いま、七尾に入りました！
和倉《わくら》温泉を目指しています。
もし、お家の住所など教えていただけたら、周囲の様子だけでも確認してみます！

【Cさん】
ありがとうございます。ただ、申し訳ないのですが深夜につき、出来れば徒歩圏内にある和倉小学校の様子を取材していただければと思います。申し訳ありません。どうぞお気をつけて取材よろしくお願いいたします。

【堀】
和倉小行ってみます！

【Cさん】
ありがとうございます。助かります。

【堀】
（取材した動画をCさんに送る）

電気はきているとのこと、電話もこのあたりはつかえていますが、雨が降ってきました。

【Cさん】

ありがとうございます。加賀屋さん前ですね。雨が降っていますね。余震が続きさらなる被害が心配です。

堀さんもお気をつけてください。

【堀】

状況がわかってきました！

いま、避難所を切り盛りされている地域の連合会会長がまだ、物資の受け入れで対応されていたのでお話をお伺いしました。

【Cさん】

ありがとうございます。わずかポリタンク２つ分の行政からですか、今の精一杯なのかもしれません。

今の様子が分かり安心しました。

【堀】
きのうは、1200人以上一気に人が来て特別だったとのことです。それでもまだ300人なので多いですが、このあと、支援が届くようになれば避難所がやや正常に稼働できそうです。なので、まずは支援が足りないということを伝えます！

【Cさん】
ありがとうございます。母に伝えとにかく避難所に行くよう伝えます。
堀さんありがとうございます。

＊　＊　＊　＊

【Dさん】

七浦《しつら》地区への徒歩移動ありがとうございます。

七浦の、五十洲《いぎす》にいとこの◯◯が住んでいます。

地震直後輪島に居ましたが　昨日徒歩で5時間かけて五十洲に戻りました。戻った後は連絡が取れておりませんが、輪島までの道の状態や電波状況を知っております。

堀さんの、今後の移動時にお話など参考になるかと思います。

どうかお気をつけて。

市民との連携による取材発信と「72時間の壁」

能登半島での取材は初めてでした。

ＬＩＮＥに寄せられる地元の方々からのメッセージは、切実かつ、具体的です。どこで、誰が、どのようにして被災しているのか。被害の状況、道路の状況、字名《あざめい》や地番を教えていただき、連絡を寄せてくださった方々のもとを訪ね、その道中で見聞きしたことを、写真や映像にしてリアルタイムで、ＹｏｕＴｕｂｅなどのＳＮＳを使って発信していきます。

情報を待つ人たちの足となり、目となり、伝えていきます。通常、メディアの被災地取材は、取材者が被災現場を探すところから始まります。その分、被害が目立つ現場、アクセスしやすい現場に報道が集中しがちです。

過剰に集まった報道陣が被災地の負担となり、被災された方の疲労に拍車をかけてしまうことがあります。避難所や役所の前に何台もの中継車が並び、夕方や早朝、同じ時間帯に各社が一斉にその場から中継を行う。出入りする人たちへの取材を行う。「静かにしてほしい」「こんな姿を映さないでほしい」など、被災された方々を支えるはずが逆にストレスを与えてしまう側に立ってしまう。

そうしたことが度々メディアへの不信感や批判につながることが繰り返されてきました。メディアへの不満が募れば、募るほど、そうした発信から視聴者が遠ざかり、かえってフェイクニュースや陰謀論が跋扈《ばっこ》する余地を広げてしまいます。

だからこそ、私は、市民との連携による取材発信が必要だと感じてきました。鳥の目、魚の目、そして虫の目。デジタル技術の革新で、そうした連携が可能になったのです。信頼関係を構築しながら、取材者と市民が共に課題に向き合い、事実を掘り起こし、必要な支援につなげていく。

こうした取材手法をオープンジャーナリズムと呼んでいます。十数年前にイギリスの老舗新聞社、ガーディアンが「我々ジャーナリストは世界で唯一の専門家ではない」と宣言し、さまざまな市民との協業で報道を進めていく姿勢を世界に宣言しました。人命救助のタイムリミットとされる「72時間の壁」と向き合う災害現場での報道こそ、こうしたアプローチが最も有効だと考えています。

取材を通じた安否確認

では、LINEに寄せられた情報が、実際にどのような取材に落とし込まれていくのか、時系列に沿って説明していきます。

JR金沢駅に到着したのは、1月2日の夜11時過ぎでした。加賀地方から北上し、能登半島に向かわなくてはなりません。LINEでの被災者の家族やその親戚からのSOSが最も多かった、輪島市や珠洲《すず》市を目指しましたが、地震の被害による通行止めや道路の崩落などで高速道路は使えません。孤立して救援を待つ現場は、能登半島の東西それぞれの海岸線に集中しており、アクセスがきわめて困難でした。

私たちはアスファルトがあちらこちらでめくれ上がり、魚の鱗のようにささくれ立った一般道を慎重に進み、七尾市に入りました。和倉温泉の近くには「母親と連絡が取れなくなった」という女性の実家があることがＬＩＮＥのメッセージで寄せられていたため、その地域の避難所を訪ねました。

母親はいったん避難所に向かったものの、大勢の人たちであふれかえっていたため中に入れず、傾いた自宅に戻っていたというのです。それ以降、連絡が途絶えてしまったため「様子を知りたい」と女性は私にＬＩＮＥで連絡をくれていました。

深夜０時半、和倉温泉に入ると、旅館があちらこちら被災していました。電灯をはじめ、ロビーなどの灯りがついており、停電はまぬがれていることがわかりました。

女性に教えてもらっていた避難所の小学校を訪ねると、玄関口で自治会長が若い先生たちと共に避難物資の到着を待っていました。事情を話し、避難所となった校舎の中を見せてもらうと、人混みはありませんでした。

「中に入れなくて自宅に戻って行ったという方の話を聞きましたが、今はどうでしょうか？」と自治会長に聞くと、「現在は収容定員の３００人近く。昨晩は一気に１２００以上の人が避難してきました。近くの温泉旅館の宿泊客の皆さんがホテルや旅館の誘導で避難所にやってきたからです。１日が経って、帰れる宿泊客の皆さんは各々車などで地元に戻って行かれました。今でしたら、避難所にお越しいただいても大丈夫ですので、そう伝えてください」と、状況を説明してくれました。

一方で、断水によって水が足りず、トイレの環境が悪化しはじめていること、灯油が不足しておりこのままでは暖が取りづらくなること、ブルーシートが足りないためこの後に降り始めが予想される雨で被害が広がってしまいそうだということがわかり、小学校が求める具体的な支援物資の詳細もインタビューで答えてもらいました。

「テレビ局の皆さんも、壊れた建物ばっかり映すのではなくて、どこでどういう物資が足りないかという細かな情報をもっと報道してもらえると助かります」。自治会長は厳しい表情を浮かべながらも、言葉を選びながらこう語っていました。こうした現場の様子は、すぐさま連絡をくれていた女性に伝えると共に、ＳＮＳを使って広く発信を行いました。

緊急地震速報のアラームが響き渡る中、孤立集落を目指す

七尾市を出て、輪島に向かう道はさらに困難なものになっていきました。行く先々のトンネルは崩落で通行止め。道路そのものが法面《のりめん》から崩落して谷のようになっている箇所があり、停電のエリアに入域すると、携帯の電波も途切れ途切れになっていきます。

途中、何度も押し寄せる余震。緊急地震速報のアラームが暗闇の中に響き渡ります。身を寄せ合うようにして、車中泊で夜をやり過ごそうとする地域の方々、ビニールハウスに集まり暖をとっているお年寄りたち。地図を頼りに、私のもとに寄せられた孤立集落の住所を目指します。

その間も、家族や親戚の方々からのＬＩＮＥは届きます。途中の道の様子や、周囲の被害の様子を写真や動画に収め、返信していきました。連絡が途絶えたご家族のことを思うＬＩＮＥの向こう側の人たちの心の内を思うと、居ても立ってもいられなくなります。なんとか「会えましたよ！　元気ですよ！　安心してください！」と返信をしたい、そんな思いで先を目指しました。

当時、私たちが目指していたのは、輪島市門前町《もんぜんまち》の七浦という地域です。いくつもの集落が集まった場所で、家族の安否を心配する何人かの方から同時に連絡をもらっていまし

た。しかし、山を越えれば残り8キロというところで、行く手を完全に阻まれてしまいました。山を越える道は周囲の木々が倒れ、道路の一部が陥没してしまい、これ以上車では進むことができなくなってしまったのです。

　車のヘッドライトで道の奥を照らすと、木々を乗り越えたり、道路の縁を歩けば、先に進むことができそうでした。地図から計算すると、5時間あまりで山を越えられそうです。深夜3時になろうとしていました。しばらくしたら夜明けを迎え、明るくもなる。小雨が降っていましたが、雨雲レーダーを見ると小康状態で朝を迎えられそうでした。

　私たちは、徒歩での山越えを選択しました。懐中電灯を頼りに、山中を歩きます。左右から倒れ込み道路を覆う竹の隙間を潜り、道路を覆った土砂を乗り越え、一歩一歩、孤立した集落に歩みを進めていきました。3時間ほどして、だんだんと辺りが明るくなってきました。夜明けです。

　霧雨によってモヤがかかったその向こう側に、倒壊した建物や陥没した道路がうっすらと姿を現しました。盆地のようになった山中には田畑が広がり、ところどころに民家が見えます。近づくとどの建物も傾いていたり、屋根が落ちていたりします。被害の状況がより深刻であることを実感しました。

輪島市門前町の孤立集落で出会った岡山繁さんと妻の久子さん。SNSで発信したこの写真を見て、岡山さんの親族から連絡があった。 撮影／堀潤

携帯電話の電波はほとんど届きません。1ヵ所だけ3Gの電波がつながるポイントを見つけ、外部との連絡が必要な時にはこの場所まで戻ってこようと、場所を記録しておきました。

歩みを進めると、山中の住所は門前町浦上《うらかみ》に。牛舎が現れました。屋根が半分ほど落ちてしまい、木造の建物全体が傾いています。近づくと、お年寄りのご夫婦が中で牛の世話をしているのが見えました。ここで畜産を営む、岡山繁さん(82)と、妻の久子さん(77)夫妻です。「東京から取材に来ました。お怪我はないですか?」と声をかけると、寒さのためかマフラーをスカーフのようにして頭

と顔を覆っていた久子さんが笑顔でこちらに手を左右に振りながら近づいてきて「まぁまぁ、ここまでどうやってこられたんですか。寒いでしょう。休んでください」と、牛舎のほうに招き入れてくれました。

　牛舎では傾いた屋根の下敷きになり、首を挟まれてしまいぐったりとしている牛の姿が見えました。真っ黒な毛並みが夜露に濡れてしっとりと光っています。そのすぐそばで、薪を焚《く》べて暖をとる繁さんが座って、じっとその様子を見つめていました。

「かわいそうに。死んでしもうた。屋根が落ちてきて。あっという間やった。首が挟まって、息ができんようになって。もう少しで出荷やったのに。かわいそうなことをした」

　繁さんと久子さんは、それでも自分たちは幸い怪我もなく元気だから良かったと、お互いを労わるように声をかけ合っていました。おふたりが暮らしてきた母屋を案内してもらうと、部屋の中はまるで爆風で吹き飛んでしまったかのように何もかもがめちゃくちゃな状況で散乱していました。

　こたつの上にはお肉のパックが半分開きかけた様子でそのままになっていました。「お正月だから、すき焼きをしようと思ってちょうど準備していたところなんですよ」と久子さん。一番の懸念は、子どもたち家族と連絡を取れていないことでした。携帯電話がつながらないからです。「心配しているだろうから、元気だよ」と伝えたいというのです。

私たちは、牛舎から少し山を下ったところに、1ヵ所だけ電波がつながる場所があることを知っていましたので、久子さんをそこまで案内して、携帯電話を貸して差し上げました。「大丈夫よ。お父さんも元気よ」。電話がつながり、安堵した様子で会話を交わす久子さんの様子に、胸が詰まりました。

目的地の七浦に向かうため、先に行くことを告げると、これを持って行ってと、温めていた缶コーヒーを渡してくれました。「これは受け取れません。おふたりで飲んでください。どうかお願いします」とお断りしましたが、「私たちは大丈夫だから。まだまだ歩くんでしょう。頑張って」と、両手で私の手を覆うようにして渡してくれました。

孤立集落の状況を発信

その頃にはすっかり夜が明け朝の空気に。そして、雨が本格的に降り始めました。七浦まで残り数キロ。薄野《すすきの》という地域では、ひとり暮らしのお年寄り、小坂正子さん（88）に出会いました。

先を急ぐために早歩きで進んでいましたが、ふと、人の気配を感じ、民家のほうに視線をやりました。すりガラスの窓の向こうで影が動いているのに気がつきました。「こんにちはー！　東京から来ました。どなたかいらっしゃいますか？」と大きな声で呼びかけると、女性がひとりバケツと箒を持って玄関から庭に出てきてくれました。「ガラスが破れて、あちらこちらに散らばってしまって。子どもたちにも連絡したいのだけど、インターネットが全然使えなくなって。この間新しくしたばかりなのに、ｉＰａｄもつながらないんです」

突然現れた私たちに対して、丁寧に状況を話してくださいました。小坂さんは、山中の大きな民家にひとりで暮らしているといいます。正月に備えて食料などを買い込んでいたため、飲食はできているということでしたが、電気もガスも使えないため、暖をとることができず、それが大変だと話していました。

何重にも着込んで、背中を丸めて片づけをしていた小坂さん。携帯の電波がつながるポイントに戻るためには、再び、土砂を乗り越えたりする必要があったため「ご家族に届くように願って、ＳＮＳで発信をするので、お名前と年齢、地域名などを教えてください」と伝え、写真と動画を撮らせてもらいました。後ろ髪を引かれる思いで、小坂さんの自宅を離れ、山越えを続けました。

雨が強く降り始め、遠くで地鳴りのような音が聞こえてきました。山の頂を越え、下り道に差しかかったところで、再び大規模な土砂崩れが目の前に現れました。数百メートルにわたって、道は大きな岩や木の根っこなどが入り混じった土砂に覆われています。

無理をすれば乗り越えられそうにも思えましたが、雨や余震などを鑑み、そこで撤退を決めました。七浦まで残り数キロというところまで迫りましたが、私たちが次の災害に巻き込まれ、要らぬ負担を被災地にかけてはなりません。悔しさもひとしおでしたが、ここまでの道中で出会った孤立した集落の住民の皆さんの状況を一刻も早く発信しなくてはと、急いで元来た道を戻りました。

途中、輪島市内での買い物途中に行方がわからなくなった母親に連絡をするため何時間も歩いて電波の届く場所を探していた男性に出会ったり、七浦から徒歩で浦上のほうまで歩いてきたカップルに出会い、情報交換をしたりと取材は続きました。気がつけばすっかり昼過ぎに。夕方からのラジオ番組で現地ルポをするため、急いで金沢に戻りました。

能登から金沢に近づくに連れて徐々に電波が復旧。スマートフォンで撮影した映像をＳＮＳへ投稿できるようにもなり、孤立集落で出会った方々に関する発信も順次進めました。すぐに反応が返ってきたのが、Ｉｎｓｔａｇｒａｍでした。安否を気遣うご家族からの

「投稿を見ました」という連絡が、何にも代え難い朗報です。孤立集落で出会った小坂正子さんのご家族から届いたメッセージに、私も救われました。

堀様。感謝の気持ちは言葉になりません。あのような辺鄙な場所に行って頂き、母の無事を伝えてくださる方がおられるとは思ってもいませんでした。お名前は生涯忘れることはありません。

何度も動画を見て涙しました。ありがとうございます。今後のご活躍を心から応援します。繰り返しになりますが、ほんとうにありがとうございました。

堀様のご活動で救われている人が自分を含めて数えきれないくらいいます。

情報がこれほど、ありがたいと思ったことはないです。生涯の恩人と思っています。

決してご無理をなさらないでください。

金沢市内のホテルに戻り、午後7時から東京のFM放送局J-WAVE「JAM THE PLANET」に出演。被災現場の取材音声などを中心にルポ、翌朝7時からはTOKYO MX「堀潤モーニングFLAG」で中継を交え映像ルポを発信。

SNSなどとあわせ、新たに発信の支援が必要な人がいれば連絡をくださいと呼びかけたところ、200を超える方々から連絡をいただくことになりました。輪島市、珠洲市、能登町、七尾市、穴水町《あなみずまち》、志賀町《しかまち》、富山県氷見市《ひみ》など、各地からの声です。

翌日以降、本日に至るまでこうして届いたSOSの現場に私たちは足を運ぶことになります。

政治家の陳情に活用できるSNSの力

さらに、現場の実態を届ける相手は家族や関係者だけではありません。受け取ったSOSを届けるべき大切な相手のひとりが、政治家です。

自治体や政府を動かし、必要な場所に、必要な支援を、必要なタイミングで迅速に届ける。金も、人も、物も、あらゆるものが不足し、発信力があるところに集中、発信力が弱

2024年1月5日、金沢市の近郊、内灘町。液状化による被害が深刻だった。平衡感覚を一気に奪われるほどの傾きが生じていた。 撮影／堀潤

い地域がひたすら孤立していく状況が往々にして発生します。

こうした情報の非対称性を埋めるためにも、やはり現場取材が大切です。ソリューションジャーナリズムと呼ばれ、問題の掘り起こしにとどまらず、解決するところまでかかり切る、新たなジャーナリズムの手法です。能登半島地震の取材では、「報道してほしい」という連絡を受け急行した液状化に苦しんでいた地域の住民の皆さんと共に発信しました。

地震発生から5日目、金沢市中心部から車で約20分、最大震度5弱を観測した内灘町《うちなだまち》を訪ねました。県道8号線を北上、西荒屋《にしあらや》地区に入ると、目の錯覚かと思うほど家々が歪み、道路はうねっていました。電柱はすべて斜めに傾き、木材をつっ

かえ棒にしてかろうじて倒壊を免れているものもありました。

ぶらりと垂れ下がる電線を避けるように、住民の人たちが身をかがめながら、避難所と自宅を往復する姿が見られます。

傾いた住宅の玄関付近はどこも白い砂に覆われていました。その砂の下からは突き上げられるようにして、割れたコンクリートの破片が顔を覗かせています。住宅の中から男性が声をかけてくれました。この家の住人、津幡久さん（60）です。

「このあたりが、内灘町でも酷い被害が出ている地域。液状化が起きて、内側から何もかも傾いてしまって。ここは目の前が『河北潟《かほくがた》干拓地』で地盤が柔らかいところ。こうなってしまった以上は、もう、なんとか乗り越えるしかないというか」と語り、唇を噛んだのです。

内灘町役場によると、1799年（寛政11年）に発生した金沢地震において内灘町での液状化の履歴が確認されているといいます。町は、東日本大震災での首都圏臨海部での大規模な液状化被害を受け、2013年に「液状化マップ」を作成。県道8号線沿線を、発生確率が高い地域として色分けをしていました。震度6強から7の地震を想定したものです。

同マップのQ&Aでは「『液状化しやすさ大』の区域に自宅が含まれています。どうすればよいのでしょうか」という問いに対し「過去の事例から液状化発生の面積率は、液状化の可能性が高い区域で、20％程度です」と回答。今回の地震による液状化がどの程度の範囲で発生したのか、発生当時、全体の状況は把握できていませんでした。津幡さんは外を眺めながらこう呟きました。

「お年寄りが多い地域でもあるから、もう出ていってしまうんじゃないかと。これから家を建てるわけにもいかないだろうし。なるべく早く対策を取らないと、人口流出が起きてしまう」。津幡さんが抱く危機感は決して珍しいものではありませんでした。

「故郷を去るか」「地元に残ることができるのか」、地元が求める支援は「激甚災害」の指定だということが徐々にわかってきました。

激甚災害に指定されると、地方公共団体の行う災害復旧事業等への国庫補助のかさ上げや中小企業者への保証の特例等、特別の財政助成措置が講じられます。

記事の配信、議員への働きかけ、そして激甚災害の指定

傾いた住宅街を道路に沿って歩いていると、1階の駐車場部分が完全に砂に埋もれ、車が天井まで押し上げられている家がありました。液状化による被害が特に深刻な地域でした。家主の八田清三さん（72）が、集まった家族と共に、冷蔵庫やテレビなど使える家財道具を外に運び出していました。

「見てのとおり液状化で、もう地盤がガチャガチャ。ここに住むのももう難しいんじゃないかと、家族と相談しています。生まれも育ちもここ。自分で建てた家だから思い入れもあって。結局20年しか住めなかったです」。そう語って、家を見つめます。

「今一番必要な支援は何ですか？」と質問すると、「激甚災害の指定。国なり県なりが、住宅再建のための支援を打ち出してくれればと思います。何をするのにも原資が必要で、解体の費用もかかるだろうし。無利子で借りられるとか、補助が出るとか、それが一番。今の年齢から働いて稼ぐのも限界がありますので」と、言葉を噛み締めるように思いを打ち明けてくれました。

国は、1月6日、能登半島地震を受けて、被害の認定調査を待たずに、石川県全域に「被災者生活再建支援法」を適用できるようにしました。住宅が全壊などした世帯に最大で300万円の支援金が支給されることになったのです。

ただし、支給を受けるには、罹災証明書などが必要で、それぞれの市や町の窓口に申請しなくてはなりません。過去の災害でも罹災証明書の発行や受理から支払いまでの期間が長引くなど、決して簡単なことではありませんでした。役所の人員のサポートも必要です。

また、激甚災害の指定に関して岸田文雄《ふみお》総理（当時）は「指定が視野に入るほど甚大な状況」と語り、速やかに対応すると強調しました。早ければ翌週中に指定が決まると言われていましたが、激甚災害の指定がすべての被災地域に行われるかどうかは決まっていませんでした。過去の災害でも、地域を指定せず災害そのものを指定する場合と、市町村単位で災害を指定する場合に分かれています。

内灘町のある被災者の方は「金沢の隣町が被災していることが伝わっておらず歯痒い思いをしていました。激甚災害は能登地方だけが濃厚だとは思いますが働きかけていただけると助かります」と話していました。地域の皆さんの願いは切実でした。

こうした状況で、次に何をするのか。テキスト記事の作成です。写真と動画ルポを盛り込み、取材の内容をＹａｈｏｏ！ニュースの記事にまとめていきます。ホテルに戻り、映像を編集。インタビューの書き起こしなどをもとに周辺情報を取材し直し、歴史的背景や統計データ、用語の解説などを盛り込んで発信します。

内灘町の液状化に関しては、当時、ほとんど報道されていません。報道の多くが能登地方に集中し、金沢近郊の加賀地方での被害に注目が集まっていませんでした。記事はＹａ hoo!ニュースのトップに掲載され、それがさらにSNSで拡散。100万人近くの人たちに届きました。

同時に現場の映像やこうした記事のリンクを政治家の皆さんに届けていきます。災害復旧活動に関心のありそうな与野党の議員たちへ、片っ端からメッセージを送りました。10名以上の議員に連絡を入れたところ、ふたりの議員からすぐに反応が返ってきました。

「了解です。官邸、および県にも共有しました」と動いてくれたのは、自民党の元青年局長で、デジタル副大臣も務めた小林史明《ふみあき》衆院議員です。通信の確保のため被災自治体へのスターリンクの導入を働きかけてきた議員でもあります。

もうひとりは、「堀潤さん、連日の被災地の情報発信に感謝です。どうかお気をつけて。内灘町の皆様が求めている『激甚災害』指定は、金曜日の与野党党首会談の場で総理に伝えました。実現するまで政府に訴え続けます」と、SNSで記事のリンクと共に発信をしてくれた、立憲民主党の泉健太代表（当時）でした。

与野党の議員が内灘の現状を政府に伝え共有してくれた事実は、すぐに取材先の住民の皆さんにも連絡しました。「能登のほうが被害が深刻だから」と、自分たちの窮状も伝えたいけれど、あちらを優先してやってほしいと願う優しい内灘の皆さん。

しかし実情は、日常での平衡感覚を失い、故郷の未来を奪われかねない目の前の光景に強いストレスと大きな不安を抱えていました。

報道もなく、孤立や孤独を感じている中での政府との接点。「希望を感じます」という感想があちらこちらから聞こえ始めた、ちょうど週明け、岸田総理は能登半島地震の被災地すべてを激甚災害にすることを発表しました。

両議員の働きかけが、激甚災害の指定にどれだけ作用したのかはわかりませんが、大きな成果です。それは内灘の住民のおひとりがＳＮＳに投稿していたこんな文言を見た時に強く感じました。

「小さな声なんて届かないと思っていました。しかし今は違います。声を上げれば必ず動き出すということを実感しました。どうか皆さんも声を上げてみてください」

確かな前進でした。しかし、地震から半年以上が経過した今も（執筆当時）、まだまだ復旧、復興への道のりは遠いのが実情です。町は年内をめどに復興計画を策定するとしていますが、本格的な復旧工事の着手時期は未定。復旧が終わるには年単位の期間を要するといわれています。だからこそ、まだまだ支えるべき人たちがそこにいるのです。

災害関連死の対策が急務。看護師が語る避難生活

内灘の次に取りかかった現場は、珠洲市や能登町でした。災害関連死の対策が急務だと声を上げた若者からのＳＯＳがきっかけでした。

石川県能登半島の北部、奥能登に位置する能登町宇出津《うしつ》。病院に勤務する看護師のケイトさんから筆者のＬＩＮＥにＳＯＳが届きました。

「被災者の救急搬送は止まず、検査や透析はできない状態です。また、断水のため、オムツや食料、飲み水が限られてきました。感染対策を取らなければならない、また、常に清潔でいなければならない医療従事者が汚い状態で仕事をしています。

私も本日は人員不足のため24時間勤務をしています。とにかく、ひどいんです。ＳＯＳを出すのもそうですが、今、奥能登はとてもひどい状況であることを改めて堀さんに知っていただきたく、ご連絡させていただきました」

人も医療物資も足りず、支援も届きづらい環境の中で、自分自身の職務を懸命にまっとうしようとする最前線の看護師の苦しい胸の内でした。今もやり取りを続けています。

彼女が連絡をくれたのは、地震発生からちょうど１週間が経過した、１月８日。石川県では、この時点で１６８人の死亡が確認され、安否不明者は３２３人に上っていました。

また、7日午後2時時点で県内の404ヵ所で避難所が開設され、2万8821人が避難生活を続けていました。

筆者の取材では、孤立した集落で、損壊した住宅にとどまっていたり、農業用ハウスやガソリンの切れた自家用車の中で避難を続けるお年寄りにも出会っています。未だこの災害による被害の全容は把握できておらず、復旧、復興の見通しにはまだまだ時間がかかりそうでした。安否不明者の捜索に加え、避難生活での体調の悪化やストレスによる「災害関連死」への対策が急務でした。

ケイトさんは、能登町で自宅が被災しガレージ（車庫）の中で避難生活を続けてきました。発災当初、避難所は満杯で入ることができず、両親や帰省中の弟、80代の祖父母みんなで被災した自宅での避難を余儀なくされました。

余震が怖く、はじめは車中泊を続けていましたが、祖父母がエコノミークラス症候群になってはいけないと、車庫の活用を模索したといいます。幸いにして足を伸ばして寝られるスペースが確保できました。ケイトさんは、自宅と職場を行き来しながら、被災地の今を伝え続けてくれている、当時、そんな状況でした。

堀　発災から20日が経過しようとしています。現状、必要なもの、困っていること、知ってほしいこと、どういうものがありますか？

ケイト　今は病気でいうと、「亜急性期」（病状が急性期を過ぎて安定し、リハビリや退院支援を行う段階。急性と慢性の中間に位置する）の状況なんだと思います。

超急性期、急性期ときて、その次の亜急性期ぐらいに今きているんですけど、発災直後から見ると、食べ物や水などの物資は徐々に届いてきているのかなと思います。

地区の避難所でも、だんだんと仕事などに行き始める若い人たちが出てきて、そこに残っている被災者はおのずと高齢者が多くなってきます。そうすると、避難所の食事は誰が作るのか、といったことだったり、人手がなくてちょっと困ってますっていうのが、話に上がったりしています。

堀　だんだん支援のニーズも変わりますし、場所によって温度差が出てきますよね。

ケイト　出てきますね。それこそ奥能登だけじゃなくて、内灘町とか、七尾市とか、輪島市とか、被害の大きいところはまだ水も来てないとか、食事も毎日のように炊き出ししてもらったりという感じですけど、南のほうに行けば行くほど、生活には不便していなかったりとか、温度差が激しかったりしますよね。

だから、もうみんな金沢に行きたいという思いも強くなってきています。遊びに行きたいとか。私自身、休みの日ももっぱら能登町から出てない状態なので、そろそろお化粧したいなとか、ゆっくりお風呂につかりたいなとか、なんかそういう欲も出てきたりします。

堀　そうですよね。被災した状況でもありつつ、仕事もしながら、周りの人たちも支えてあげられることはしたいし、いろんな思いが交錯してるっていうことですね。

ケイト　できることなら、自分も炊き出しに参加したりとか、そういうことをしたらいいのかなと思うんですけど、仕事をしているので、そこまではなかなか踏み出せていません。職場と自宅の行き来しかできてない状況です。

堀　今、お住まいの能登町の状況はどうですか？

ケイト　私の近辺はまだ水道が断水続きで、ずっと毎日、避難所にポリタンクを持っていってお水もらってるっていう形です。下水も通らないので、トイレも流せません。

浄水場がもともとある地域は、少しずつ水道を使えるようになってきたという話は聞いてるんですけど、私の勤務先の病院にはまだ水道はきてないですし、そろそろ来るっていう話も聞いてるんですけど、なかなか来ないっていうのが現実で（このインタビューの数日後に勤務先の病院の水道が復旧。しかし、全体の機能の2割程度といいます）。

堀　手が洗えない、トイレが流せない、お風呂に入れないというのは、本当にそれだけでも精神的にも、大変ですよね。

ケイト　やっぱりお風呂に入れないこととか、ちょっとしたことで手を洗えないのが、結構つらいですよね。トイレの後は、給水でもらってるお水を少しずつ使ったりしています。あとは山水を毎日のようにポリタンクに入れて運んでいるという方も中にはおられて、その方は沸騰させたりして使ってるっていうふうに聞いています。

洗濯も、もうずっとできなくて最初の1週間はずっと同じ下着、同じ服で皆さん生活されていました。結局、自宅から服を引っ張り出して着替えても、一方的に洗濯物がたまっていくだけなんですよ。

町内じゃないんですけど、七尾市まで行けば、コインランドリーが使えます、とかそういう情報は出てきてるので、そっちのほうに行って洗濯するという人もいれば、洗濯機に山水を入れれば使えますっていう方もいて、そういう方は自宅で洗濯はできてるみたいですけど、ほとんどの人は洗濯はできてないですよね。

堀　そうした中、衛生面であったり、メンタルのケアだったり、今はインフルエンザや新型コロナだったり、いろいろ心配な出来事がたくさんあると思います。一番必要なケアはどんなことですか？

ケイト　もちろん精神的なところも大事だとは思うんですけど、私の考えでいえば、持病を持ってる方のお薬の確保かなと思うんです。

病院のほうでもお薬がなくなってきています。お薬だけ処方をお願いしますっていうふうに来られる方もいるんですけど、3日分ほどはもらえても、それ以上の量となると、金沢とかまで行ってどうにかこっちに持ってきてもらわないと、2週間分とか3週間分とか渡せないんですよ。

薬がないから飲み続けることができなくて、持病が悪化して病院に来られる方も中にはいらっしゃいます。そういう健康面のケアが一番必要だと思います。

堀　そうですよね。まさに東日本大震災の時にも避難所などで取材をしていると、生活習慣病を患っている方々が、これまでなんとか薬でギリギリのラインで保っていたけれど、避難生活が長引く中で薬が足りず、さらに支援物資にしても、お菓子や炭水化物が多く、食事のバランスが一気に崩れて持病を悪化させてしまい、最悪の場合、亡くなってしまうという方を何人も取材しました。いわゆる災害関連死ですね。やっぱり今回の災害でも、同じような状況になってしまうのか……と思いながら聞いていました。

ケイト　支援物資の中でも、カロリーの高い「カップ麺」とか、乾物はすごい助かるんですけど、やっぱりそういうものを毎日毎日食べ続けるとカロリーもそうですが、塩分もたくさん取ることにもなります。カロリーの摂取量が普段よりも多いということで、体重が増えてしまう方もいる状況になっています。

堀　普段だったら、農作業もあって、ご自宅で自炊して、という環境がまったく変わっているわけですもんね。そうしたニーズというのは、しかるべきところ、自衛隊だったりとか行政だったりとか、もしくはその他の支援団体に、きちんと伝わってるという実感はありますか？

ケイト　自衛隊の方々は、物資のほかにもお風呂の設置もしてくださっていて、そのおかげで皆さんお風呂にも入れるようになってきてるので、少しずつ衛生面や精神面でも良くはなっていると思います。

病院や施設などにも、水やアルコール消毒液の支給も少しずつあって、DMAT（災害派遣医療チーム）隊員の皆さんや、災害支援ナースの皆さんが持ってきていただいていることで、衛生面にも気をつけられるようにはなってきています。

ただ以前お話ししたとおり、やっぱりナース服がなかなか洗濯できない状況だったり、普通の入院の方に加えて、新型コロナの患者さんも見ているのに、十分な手洗いができていない面があります。もう少し環境が良くなれば、感染防止の面できちんと対策を取れるのかなと思います。

堀　医療の現場は、どこよりも清潔でなくてはならないと思います。綺麗な水と綺麗な衣服、消毒液など、さまざまな備品がきちんとそろっていることが必要ですよね。

ケイト　今、私は避難所生活を脱して、自宅横のガレージで家族と一緒に過ごす形をとっているんですけど、やっぱり慣れない環境にいるっていうこともあって、気づいていないうちに疲れがたまっているんですよね。

自分ではそこまで疲れた感覚がなくても、体がもう悲鳴を上げている状態です。私は感情のコントロールが割と苦手なタイプなので、ちょっとしたことでついついイライラするっていうタイミングが前より増えたかなと思います。

堀　そうですよね。本当に大変な状況だと思います。

ケイト　最初の頃は、また余震が来るっていう不安とか、このまま生活できるのかなっていう不安とか、そういうマイナス面に対しての考えがたくさんあっても「乗り切るしかない」と、前向きな気持ちがあったんです。でも、やっぱり2、3週間経ってくると、精神的な疲労もあってか「ちょっとこのままでやっていけるのかな？」って、ついついひとりでいる時に考えたりとか、そういう気持ちの部分も出てきてるのかなと思います。

堀　休養できる機会が作れるか、職場や家庭でそうしたお話は出てきますか？

ケイト　職場では、ＤＭＡＴの方々や災害支援ナースの皆さんが来てくださってるおかげで少しずつ私たちの休みが取れてきてるんですよ。なので、災害が発生した直後の忙しい期間は、抜けることができたのかなと思ってます。

ただ、休めば、休むほどお給料面とかはどうなっていくのかなっていう不安も出てきています。私の職場だけじゃなくて、ほかの職場の話を聞いていても、やっぱりそこはどうなっていくのか不安になってる方もたくさんいます。

堀　先行きが見通せない中で暮らしを維持しなきゃいけない一方で、被災から立ち直っていかなきゃいけない。金銭面のことというのはなかなか相談しづらかったりとか、やはり不安ですよね。

ケイト　そうですね。金銭面以外でも、たとえばいつ頃、このライフラインが復旧するのかっていう不安だったり、今後のことについての漠然とした細かい不安が増えてきてる感じはありますね。

堀　一方で、災害に便乗した窃盗などの犯罪が起きていると聞きます。こんな時になんでっていう……。許せません。

ケイト　そうなんですよ。しかも本当の情報とフェイクが混ざるじゃないですか。地震が発生した直後は、みんな情報に踊らされる状態なので、「あの人は危ない人だ」って写真が回ってきたり、「ワンボックスカーは危ない」みたいな情報がすごい出てくるんです。

でも、実際ふたを開けてみると、あの外国人の皆さんは詐欺の集団じゃなくて「この地域を応援してくださるために来てくださった」とか、やっぱりそういうのがあったり。

あとは、誰もいない自宅に入り込んで何か盗んだりというのも聞きますが、家の前にブルーシートだけをポンと置いていって、それを使ったら10万も20万も取られましたっていう詐欺も実際にあるんですよ。

堀　そんな手口があるんですか。ひどすぎます。改めて今の段階で、地域から、能登町から、どんなことを伝えたいですか。

ケイト　まずは一町民として一被災者としてですけど、奥能登に、たくさんの支援を、応援をしていただいてることには感謝してもしきれないです。本当にありがとうございますという気持ちをお伝えしたいですね。皆さんの応援があるからこそ、今、私たちが頑張れているっていうところも。

実際、伝えられる映像にはひどく被災した場所ばかりが出ていますけど、今、私たちがそれぞれにできることを頑張ってるんだよっていうところも知っていただけたらなと思います。

被災者の「2次避難」の実行を求める若者との出会い

ケイトさんのまっすぐな人柄が伝わるメッセージでした。

こうした中、一刻も早い被災者の生活の確保のため、「２次避難」の実行を求める若者と出会いました。石川県も、２次避難所として受け入れに前向きな宿泊施設を探し始めていたところです。

1月8日の時点で70人の死亡が確認され、１４５人がケガをした、珠洲市。市内の62の避難所に６８００人あまりが避難していました。そのうちの避難所のひとつ、正院《しょういん》町《まち》の正院小学校で家族と避難生活を続ける、安宅佑亮《あたかゆうすけ》さん（22）です。

実家は倒壊、留学先の上海《シャンハイ》から急遽帰国し、家族のもとへ駆けつけました。安宅さんは県外に住む大学の友人や先輩などとのつながりを最大限に活かしながら、能登の窮状を発信し、避難者たちを支えるためのさまざまな取り組みを行っていました。
避難者の８割が高齢者。だんだんと元気がなくなっていく様子を見守っていて、何かできないかと強く考えるようになったといいます。安宅さんにインタビューしました。

堀　今、安宅さんが避難している現場の状況を教えてください。足りないもの、衛生面、感染症対策、人的不足、さまざま避難所での課題が言われていますが、正院町の現状はいかがでしょうか。

安宅　やはり、衛生面をすごい気にしています。やはりトイレ。今は結構ましになっているんですけど、２日前まではグラウンドに穴を掘ってそこに仮設テントを立てて用を足したりしていました。
最近ようやく仮設トイレが来て、状況は少し改善されました。食料は足りるようになってきました。しかし、風邪をひいたり、体調が悪い人も出てきています。

堀　どういう方の避難が多いのですか？

安宅　今、避難所は大体３００人から３５０人ぐらいが避難していて、正確な数字はわからないのですが、体感でその８割は高齢者です。車があって、お子さんがいるなど、金沢に出られる人たちはすでに避難所を出ました。今いる人たちは、ここに家があって、その家が潰れてしまって、本当にここにしか住むところがない高齢者の方々です。

堀　安宅さんの写真や映像を見ると、物資が届き始めた様子がうかがえますが、状況はいかがでしょうか。

安宅　支援物資は、ここ1週間ぐらいは乗り切れるのかなっていう量がそろっている感じがします。ただ、僕たちがいる避難所は結構大きい規模なので、多分優先的に物資が運ばれています。今日聞いた話だと、近くの数十人規模、50人未満の規模の他の避難所は全然来ていなくて、僕たちのところまで取りにやってくるという状況です。まったく水がなかったり、お米が届いていなかったり、そういうレベルです。

堀　避難所によっての格差が生じているようですね。天気が心配です。雪も降っていますし、雨も続きそうです。

安宅　今、すごく寒いですね。小学校に1台、関西電力から高圧発電機車、高圧で発電してくれる車が飛んできてくれて、その電気で小学校の電気はまかなえてるんですけど、それ以外の町はまったく電気がないから真っ暗です。

一応エアコンが使えるんですが、やっぱり寒い。結局、毛布を2枚3枚かぶって寝たり

珠洲市正院町避難所付近の建物でリモート取材に応じる安宅佑亮さん。避難所の環境の悪さから、災害関連死の増加に警鐘を鳴らした

している感じですね。

堀　今一番の課題、そしてこれからの懸念を教えてください。

安宅　課題は、避難所内の人間関係です。僕も地震で家がなくなってしまったので、避難所で寝泊まりさせていただいてるんですけど、就寝時のいびきひとつとっても、それがうるさく感じられたりして、人々のストレスが高まっていくのを感じています。

　さらに、認知症のおじいちゃんとかがすごい大きな声で喋られたりとかするので、周りの寝たい人たちはちょっとピリつき始めるみたいなのを感じています。みんなこの避難所生活がどれだけ続くか不安で、想像すらついていませんから。

それに、ちょっとずつ生活水準が良くなることに対して期待感が出てくる頃だと思っていて、その中でみんながそれなりにストレスを抱えずに、生活できるかどうかというのが、課題な気がしています。特に、健康面でもお年寄りの人とかはだんだん元気がなくなっちゃうと、一緒に体力もなくなっていくのかなと思っていて、精神面でのケアが今必要な段階なのかなっていうのは感じてます。それは災害関連死の問題につながります。

堀　ケアをする人たちの人員というのはなかなかそろわないんじゃないかなと想像します。人材のリソースは足りていますか？

安宅　はい。日本赤十字社の方とか、特定非営利活動法人の看護師さんとかが避難所でビブスを着て、活動していただいてるのは見ていて、ヒアリングしたりとか「痛いところはないですか？」とか「何かありませんか？」と聞いていただいてる。それはすごい助かっています。

ただ、避難所を運営するのに限られた人たちが不眠不休でやっていたりするので、正直足りないと思います。現在は、町内の区長さんなどが頑張ってやってくれているのですが、けっこう運営している人たちの疲労感が溜まっているな、というのはすごい感じてるところですね。

堀　安宅さんご自身は、どういう思いで避難所での活動を続けているのですか？

安宅　まず、一番良かったのはやっぱり家族と会えたことです。地震が起きてからすぐに上海から帰国し、珠洲市に戻り、そこで父や母に会えた瞬間はすごい泣いて喜んでくれたし、これから家もないんで「どうする？」みたいな、ここ1ヵ月、2ヵ月、そして1年後とかを見据えた話もちゃんと家族とできたのは大きいなと思っています。

あとは、大学のゼミの先輩である認定NPO法人「カタリバ」の今村久美さんなどが珠洲市で現地の高校生と立ち上げた、子どもの居場所「みんなのこども部屋」を手伝ったり、大学の同級生で、子ども向けの読み聞かせオンラインサービスを起業した友人がいるので、その人たちとも連携して何か立ち上げようと検討をしているところです。

堀　安宅さんが、内側と外側とをつないで、さまざまな取り組みのハブになっていることがよくわかりました。

安宅　今、2次避難が検討されるようになっていますが、僕もそれに賛成していて、やっぱりここでずっと避難所住まいをするというのは、現実的じゃないと思うんですよね。

しかし一方で、仮設住宅もいつできるかわからない。多分まだまだ1ヵ月後、2ヵ月後、3ヵ月後と思っていて、いったん、能登の人たちを域外に出すというのは進めていってほしいなっていうのが正直なところです。

ただ、いったん外に出た人たちが帰ってこられるようにするにはどうしたらいいのかなど、もう少しマクロな視点で見ることも大切です。これから転出者がどんどん増えていくと思うんですよ。この町に、年老いた両親を置いていけないと思った子どもたちが、能登以外の地域で一緒に暮らすという選択肢を選ぶといった動きです。

もちろん今は人命救助、今ある命を大切につなぐっていうのが一番の課題であるんですけど、この街が今後、どうなったらいいんだろうということも考えつつ今できることに全力で取り組んでいます。

堀 これまでの大きな災害、東日本大震災をはじめとした数々の大災害からどうやって復興を遂げたのか、人口流出が加速したあと、そこからどうやって新しい街を作ってきたのかなど、ノウハウを共有できる交流などが今後必要になってきますね。

安宅 はい。本当にそうですね。そういう理由から、これからもみなさんが被災地に関心を寄せ続けてほしい、っていうのが一番の願いです。

安宅さんがインタビューの中で指摘していた災害関連死の問題は、今、能登半島地震の被害における深刻な課題となっています。この原稿を書いている2024年8月1日時点で、石川県では地震の発生からこれまでに318人が死亡しました。亡くなった人のうち89人が災害関連死と認められ、その認定をめぐっては、さらに150人以上が遺族から申請が出されています。その数は増える見通しです。

避難が長期化し、石川県内の避難所には1422人が身を寄せており、今後も避難生活のストレスや疲れから体調を崩して亡くなる人が増えてくることも懸念されています。

仮設住宅は、県が必要と見積もる約7000戸のうち9割ほどが8月中に完成する予定ですが、一部は11月までかかるといわれています。また、705人の方々が2次避難所として活用している旅館やホテルも期限が決まっていて、暮らしへの先行きに不透明感が常につきまとっているような状況です。

ちなみに、2025年1月14日時点では、石川県の死者は498人、うち災害関連死は270人と発表されています。

漆器の未来を創る。進化を目指した復興に挑む

一方、石川県輪島市では復旧ではなく、進化を目指した復興に挑む男性がいます。

輪島市で輪島漆器店を営む岡垣祐吾さん。2024年2月1日、ニューヨークに渡米する直前、滞在していた都内で急遽お話を伺った。 撮影／堀潤

輪島漆器店「岡垣《おかがき》漆器店」を営む岡垣祐吾《ゆうご》さん（43）です。多くの職人たちと共に自らの家も、店舗も被災しました。その岡垣さんは、2024年2月、ニューヨークに飛んで、現地で開かれる見本市「NY NOW」に出展しました。

期間中、八十数ヵ国から数万人規模でバイヤーなどが集まる、北米最大の見本市。地震によって一度は辞退しようかと思ったものの、漆器の未来を創るためにも現地に向かう決断をしました。家族や職人たちの言葉が岡垣さんの背中を押したといいます。

「ニューヨークに行くことにしました」

岡垣さんが、周囲にそう打ち明けると、次々と支援を申し出る声が広がりました。漆器を展示する木棚は、岐阜県高山市の木材加工の職人が作っ

被災を免れた岡垣漆器店の酒器。蒔絵の美しさは酒を注ぐとより一層輝きと深みを増す。酒がないので水を注いで撮影した。 撮影／堀潤

て急ぎで送ってくれました。展示する酒器や皿はなんとか被害を免れていました。

「技術の高さをアメリカで伝えたい。その技術がいま危機を迎えている、そのこともわかってもらいたい」

地震で被害を受け、縁が欠けたり割れてしまった漆器も拾い集め、持っていきました。

「復興したら必ずニューヨークに最初の漆器を出荷する。そう宣言しようと思います」

岡垣さんは渡米前のインタビューで語っていました。

「いま、倒壊しかけた自宅で避難生活を続ける職人さんもいます。道具も材料も、工房も失った職人たちに希望をもってもらいたい。作り続けるための環境を復旧させたい。輪島だけではなく、漆

器そのものの発展につながるような未来を創りたい」

　そう語りながら、アメリカに持っていく漆器を、カバンの中からいくつか見せてくださいました。涙が出るほど、美しかった。酒の代わりに、水を注いで見せてくれました。底に描かれた蒔絵《まきえ》が光り始めます。

　岡垣さんの決断は、「japan」と呼ばれる漆の力を私にも教えてくれました。渡航直前にも、岡垣さんにインタビューしました。その挑戦は今も続いています。

堀　いよいよ、ニューヨークに発つ朝ですが、現地では何を伝えたいですか?
岡垣　今の思いは「感謝」なんですけど、僕がどういう気持ちかというと、復興に何年かかるかわかりませんけど復興はいつかします。復興した時の最初の荷物（漆器）はニューヨークに出そうと思って、「そのために僕は今ニューヨークにいます」という気持ちを現地の人たちに伝えたいと思います。
堀　その気持ちを支えるのはどういう思いでしょうか?
岡垣　故郷があああいう状況になって、1ヵ月経ってもほとんど状況が変わってないんですけど、やっぱりそれを見るのはとてもつらくて。

やっぱり輪島で、少人数かもしれないけど物を作る職人さんがいて、今日は雪だからどうだとか、今日は晴れだからどうだ、なんて自然の環境のことを言いながら、漆と向き合っている町になりたい、そういう思いなんだと思います。

今はちょっと、それどころではない状況で「命」を守るっていうフェーズ。そこからは、段々と抜け出しつつあるのかなとは思うんですけど、その次には「生活」ということになります。

今は職人さんたちもみんな「やるよ」「やり続けるよ」って言ってくれてますけど、やっぱり収入がない期間が何年間か続く可能性があるって考えると、早く漆器を作るところを整備したり、とにかくご注文いただいたものをひとつずつやっていくことで、収入が確保できて「これで家族を養えるな」と思っていただければ、職人さんは離れないで続けてくれると思うんです。

僕たちは阪神・淡路とか、東日本とか、中越だったり、熊本、あと各地の豪雨とかいろんな災害で被災された方々をこれまで見ていて、必ずそれぞれ復興しているのを知っています。

なので、輪島もいつかは復興できると思っています。

その時は、輪島塗だけではなく、日本の漆器業界にとってもひとつのきっかけにしたいと勝手に思っています。

今回の震災が起きる前、去年の12月31日まで漆器業界って、決して売り上げが右肩上がりで「もう成長止まりません」と言える業界ではなかったので、もともと抱えてた高齢化とか、市場の縮小とか、いろいろな状況でこのまま生き残れない企業が多いよねと言われていました。

今回の地震での復興で、輪島だけがある意味「復興バブル」じゃないですけど、盛り上がることもあるかもしれませんが、輪島だけバブルでよかったねということではないと思っています。

輪島がいつか復興した時に、漆器業界にも光というか、日の目が当たるようになる、そういう復興にしていきたいと思います。

堀　これからですよね。岡垣さんは、どんな未来を見たいですか？

岡垣　やっぱり、いいものを作りたいです。今は、被災地という立場で本当にいろいろな方々が気にかけてくださり、それをきっかけに、こういうものを見てくださることはすごくいい機会だと思うんですけど、復興した後は、輪島塗とわからないけど「綺麗」だと思って手に取ったらそれが輪島塗だったたっていうふうにしたいです。それが、僕たちが復興するひとつの区切りなのかなと思います。

皆さんはここまで、どのような気持ちで読み進めてくださっているでしょうか。ひとつのニュースを発信するためにどのような工程が重ねられているか。人間関係の構築にどれだけ、腐心してきたか。

生成AIをはじめ、簡単にニュースらしきものが作れてしまう今こそ、こうした舞台裏を知ってもらうことで、情報への感度を高めていってもらえたらと強く思っています。

第2章

関東大震災のデマ、福島第一原発事故をめぐる検証

関東大震災でも出回ったフェイク画像

２０２４年８月、私はある方を取材するため、東京都墨田区の都立横網町《よこあみちょう》公園を訪ねました。強過ぎる日差しを避けるため木陰を選びながら待ち合わせ場所に急ぎました。

日本庭園や子どもたちの遊具が立ち並ぶ静かな公園。ここでは、かつて、３万８０００もの方々の遺体が山のように折り重なり合い、辺りを埋め尽くしました。１９２３年（大正12年）９月１日に発生し、10万人を超える死者・行方不明者を出した関東大震災での悲劇の被災地のひとつです。

なぜこれほどまで多くの方々がここで命を落としたのか。地震発生の前年、東京市（当時）は、軍服などを作る工場、陸軍被服廠《ひふくしょう》の移転に伴い跡地を買収し、公園の造成を進めていました。のちの横網町公園です。大震災の発生で、周りの人々は空き地状態だったこの被服廠跡に自宅から布団や家財道具を持って避難してきたのです。

地震発生は午前11時58分。ちょうど昼時であったことと、台風の影響で強い風が吹いていたこともあり、至るところで火災が発生。被服廠跡にも強風にあおられた炎が迫り、その火の粉が人々が持ち込んだ家財道具などに燃え移りました。激しい炎は、火災旋風（炎の竜巻）を巻き起こし、一気に人々を襲いました。

公園内には当時の様子を伝える東京都復興記念館があります。この記念館は、身元不明犠牲者の遺骨を納める東京都慰霊堂付属の施設で、関東大震災の惨禍を永く後世に伝え、官民協力して焦土と化した東京を復興させた当時の大事業を永久に記念するため、１９３１年（昭和6年）に建てられました。館内に入ると大震災の被害、救援、復興を表す、遺品や被災物、絵画、写真、図表などが展示されています。

入り口を抜けると大きな白黒のパノラマ写真が視界に飛び込んできます。地震発生直後、報知新聞が宮城《きゅうじょう》前広場（皇居前広場）に避難した群衆を撮った3枚組みの写真を東京都慰霊協会が横4・6メートルのパノラマ写真として制作し展示したものです。荷車に布団や家財道具を積み上げ、寸分の隙間もなく人々がひしめき合い避難している様子から帝都の混乱ぶりを今に伝えています。

この写真展示の前で、私を出迎えてくれたのが、元共同通信社写真調査部、沼田清《ぬまたきよし》さんです。このパネルの制作、監修に携わりました。沼田さんは、２００８年の定年後、嘱託として古い写真の掘り起こしと裏づけ調査に従事。並行して報道写真史と、明治三陸地震津波・関東大震災・東京大空襲・広島原爆などの災害写真史を調査してきました。

２０１２年秋、東京都慰霊協会が、翌年の関東大震災90周年に向けて東京都復興記念館の展示をリニューアルすることを決め、沼田さんが、同館が1931年の発足当初に報道各社から寄贈され保管してきた写真の監修を任されました。

展示の目玉が報知新聞社撮影の宮城前避難群衆写真のパノラマ展示でしたが、沼田さんがその制作過程で発見したのが、震災写真の改竄《かいざん》と捏造《ねつぞう》でした。2018年、歴史地震研究会で調査・研究した結果を論文にまとめ注意喚起し、当時の「フェイク画像」の存在が知られることになったのです。

沼田さんは1枚の絵葉書を見せてくれました。パノラマ展示されている3枚のうちの1枚、宮城前の群衆を写した報知新聞の写真が、当時、絵葉書にされ売られていたものでした。しかし、よく見ると写真の縁に添えられたキャプションの文字に違和感を抱きます。「本所被服廠跡避難民の群集是が哀れ白骨の山と化すとは」と書かれ、撮影場所が実際とは異なります。さらに、群衆の向こう側、遠景には、舞い上がり空を覆う火煙が浮かび上がっています。捏造写真です。背景の宮城（皇居）と森を火煙に書き替えてありました。

他にもさまざまな捏造写真があることがわかりました。別の絵葉書には建物に囲まれた中、広場にひしめき合う群衆と火煙。「本所被服廠跡将に猛火襲来惨劇前の群集」と説明が添えられていますが、実は、元の写真のキャプションには「上野駅前を埋め尽くす避難群集」と書かれており、ドーム屋根の下谷区役所を国技館（当時）に見立てて、背景を書き替え「被服廠跡」を装う完全なるフェイク画像でした。

沼田さんは7年をかけ検証を重ね、捏造された写真がこれ以外にもさまざまあることを突き止めました。傾向として浮かび上がってきたのは、煙や雲を取り込んだ合成。シンボリックな素材との合体で「異様感をそそり、緊迫したムードをかきたてるのに成功している」と沼田さんは指摘します。

合成の技法は3通り。①エアブラッシュや修正筆で書き加えたり、書き替える。②カミソリと糊で切り張りし合成する。③暗室作業で複数のネガから1枚の印画紙に必要部分を露光し、合成したりといわゆる焼き込みを行う。

構造物が宙に浮いていたり、大きさの釣り合いが不恰好でひと目で捏造だとわかるものがある一方で、手の込んだ細工で公的機関でも見抜けなかったものがあることが深刻です。

100年経っても、デマの構造は変わらない

実は、沼田さんの検証がなければ、捏造された写真が歴史的資料としてそのまま公的機関などでも採用され続けていました。沼田さんによると、1924年8月、気象庁の前身

にあたる「中央気象台」は、関東大震災における火災や旋風を中心に各地の被害の概況を記録した『関東大震災調査報告（気象篇）』を公表しています。しかし、そこには捏造写真が掲載されています。篤志家、渡辺金三氏から提供された2枚の写真でした。

１９７３年に発表された作家、吉村昭《あきら》の小説『関東大震災』の「六、本所被服廠跡・三万八千名の死者」の文中には、次のような記述があります。

「当時、中央気象台に詳細な調査資料を提供した篤志家渡辺金三の資料の中に、無気味な二葉の写真がおさめられている。それは、だれが撮影したのか明記されていないが、惨事の起る直前の被服廠跡の写真なのである」

また、１９９０年に発売された『絵はがきが語る関東大震災―石井敏夫コレクション』（柘植書房新社）には「本所被服廠後（原文ママ）惨害前の避難民」と説明が添えられた捏造写真の絵葉書が掲載されています。さらに筆者が調べたところ、日本損害保険協会の「関東大震災から80年　当時の様子を物語る貴重な資料『震災絵はがき』」にも、捏造写真が掲載されるなど、長年にわたって「フェイク」が事実として継承されてきました。

沼田さんは、２０１５年10月、江戸東京博物館でも展示されていた写真の誤りを指摘、ほどなく撤去されました。沼田さんは「7年間の調査で見えてきたのは、ケアレスミスに

2024年11月12日、東京都墨田区の東京都復興記念館で沼田清さんが展示されている写真を1枚1枚説明してくださった。 撮影／堀潤

よる誤りと、改竄と捏造の多さです。権威として拠り所にされる気象台や内務省の発行物も、写真の吟味に関しては心もとない。誤りの固定化を生み出す構図があります。今、私たちにできることは、誤りの連鎖を断ち切ることです」と語ります。

それにしても、なぜ当時、これだけ多くの捏造写真が出回ったのでしょうか。

沼田さんは、現代に通じる社会課題が背景にあると指摘します。震災後、いち早く発行を再開した新聞社が報知新聞でした。9月5日、報知新聞は「あゝ凄惨！本所被服廠跡の屍体の山」という説明で現場の写真を掲載します。しかし、警察当局から発売禁止処分を受け、1349部が差し押さえられました。当時は新聞紙法第23条にある、安寧秩序を乱すものとして、発禁にすることが可能でした。

　報知新聞への処分によって、死体の写っている写真は表向きには出せなくなったといいます。そうした中で、沼田さんは「人々の興味をかき立てる形で、写真が捏造され、販売され市中に出回っていくという、ないものねだりが生んだのです」と背景を読み解きます。

　また、検証を重ねると、被服廠跡に関する報道機関の捏造写真は見当たらないものの、そのほかの現場で撮影された写真をもとにした改竄写真が新聞に掲載されているケースもあり、通信社や新聞社でも、写真の改竄が行われていた可能性があると指摘しています。

　耳目を集めるために「フェイク画像」を作成し、さらに利益を上げようと試みる。100年という時が経っても、構造は変わりません。沼田さんはこう話します。

「報道写真は、とにかく正確さ。これに尽きると思いますね。正確さと、そのニュースを伝える一番適切なものをできるだけ用意して、それを伝えていくことです。もし間違いがあったら、速やかに訂正する。そうしたことは一般の人は、普段ほとんどやってないんじゃないかと思います。ですから、メディアの人間は間違いがあったら、訂正を必ず出して、その修正あるいは削除を速やかにやって、誤解をされないようにするということは、やらなければならないんです」

人々を殺した「官製デマ」はどのように広がったのか

関東大震災で注目すべきは、流言やデマによる朝鮮の人たちなどに対して行われたとされる官憲や地域住民、被災者、自警団による殺傷行為です。

国の報告書によると震災の犠牲者およそ10万5000人のうち1〜数%にのぼるとされる朝鮮の人たちの犠牲があったといいます。しかし、デマや流言をもとに虐殺が行われたという事実を政府はこれまで一度も認めていません。

関東大震災から2年後の1925年7月に編さんされた警視庁『大正大震火災誌』には、震災が起きた1923年9月1日から各地域の警察署に寄せられた流言やデマが記録されています。

2009年3月に内閣府が事務局を務める中央防災会議でまとめられた「災害教訓の継承に関する専門調査会報告書 1923 関東大震災【第2編】」（第4章 混乱による被害の拡大、第1節 流言蜚語と都市、2 流言蜚語の実態—警察に集約された記録を手がかりに—、（1）データの整理、表4-1 警視庁編『大正大震火災誌』が記載する流言の事例）がこの資料の記録を整理しています。内容を損ねない程度に語句が略記されたものをそのまま引用します。

1日

13時頃

・富士山に大爆発、今なお噴火中。

・東京湾に猛烈な海嘯襲来する。

・更に大地震が来襲する。

15時頃

・社会主義者と朝鮮人の放火多し。

2日

10時頃

・「不逞鮮人」の来襲あるべし。

・昨夜の火災は「不逞鮮人」の放火または爆弾の投擲。

・朝鮮人中の暴徒が某神社に潜伏。

・大本教徒密謀を企て数千名が上京の途上。

14時頃
・市ヶ谷刑務所の解放囚人が郡部に潜伏、夜に放火の企て。
・朝鮮人約200名神奈川で殺傷、略奪、放火。東京方面に襲来する。
・朝鮮人約3000名多摩川を渉って来襲、住民と闘争中。
・横浜の大火は朝鮮人の放火。略奪、婦女暴行、焼毀。青年団や在郷軍人団が警察と協力して防止。
・横浜方面より朝鮮人数十名ないし数百名、上京の途上。
・横浜方面より襲来の朝鮮人約2000名、銃砲刀剣を携帯し、すでに六郷の鉄橋を渡る。
・軍隊は六郷河畔に機関銃を備え、朝鮮人の上京を遮断せんとし、在郷軍人や青年団が応援。
・六郷河畔で軍隊に阻止された朝鮮人は、転じて矢口方面に向かった。
15時頃

・雑司ヶ谷の○○○○は向原○○○○方へ放火しようとし、現場で民衆により逮捕された。

16時頃
・大塚火薬庫襲撃目的の朝鮮人、いままさにその付近に密集せんとする。
・朝鮮人原町田に来襲し、青年団と闘争中。
・原町田来襲の朝鮮人200名は、相原片倉村を侵し、農家を掠め婦女殺害。
・朝鮮人2－300名横浜方面より溝の口に入って放火、多摩川二子の渡しを越え、多摩河原に進撃中。
・朝鮮人目黒火薬庫を襲う。
・朝鮮人鶴見方面で婦女を殺害。

17時頃
・朝鮮人110余名寺島署管内四ツ木橋付近に集まり、海嘯来ると連呼しつつ凶器で暴行、あるいは放火する者あり。

・戸塚方面より多数民衆に追跡された朝鮮人某は、大塚電車終点付近の井戸に毒薬を投入。

18時頃

・朝鮮人予てより暴動の計画ありしが、震火災の突発で予定を変更、用意の爆弾および劇薬物を流用し、帝都全滅を期す。井戸水を飲み、菓子を食べるは危険。

・上野精養軒前の井戸水の変色は毒薬のため。上野公園下の井戸水にも異状。博物館の池水も変色して金魚全滅。

・上野広小路松坂屋に爆弾2個を投じた朝鮮人2名を逮捕したが、その所持の2枚の紙幣は社会主義者より得たものだった。

・上野駅の焼失は朝鮮人2名がビール瓶に容れた石油を注いで放火した結果。

・朝鮮人約200名、品川署管内仙台坂に襲来し、白刃をかざして掠奪を行い、自警団と闘争中。

・朝鮮人約200名、中野署管内雑色方面より代々幡に進撃中。

・代々木上原方面において朝鮮人約60名が暴動。

19時頃
・朝鮮人数百名、亀戸署管内にちん入し暴行中。
・朝鮮人40名、八王子管内七生村より大和田橋に来襲、青年団と闘争中で銃声しきりに聞こえる。

3日
01時頃
・朝鮮人約200名、本所向島方面より大日本紡績株式会社および墨田駅を襲撃。
04時頃
・朝鮮人数百名、本郷湯島方面より上野公園に来襲するので、谷中方面に避難せよ。荷物などは持ち去る必要なく、後日富豪より分配する。
10時頃
・兵士約30名、朝鮮人暴動鎮圧のため月島に赴いた。

4日
15時頃
・朝鮮人、警察署より解放されたならば、速やかにこれを捕らえて殺戮すべし。
18時頃
・朝鮮人、市内の井戸に毒薬を投入。
21時頃
・青年団員が取り押さえて警察署に同行した朝鮮人は、即時釈放された。
・上野公園および焼け残り地域内には、警察官に変装した朝鮮人がいるので注意すべし。
以上の記録は後に検証もされ、流言・デマと認められたものです。

さらに、前出の警視庁『大正大震火災誌』の記録を追うと凄惨な殺戮が行われたことが記載されています。

たとえば、9月2日午後5時頃、大崎管内では「不逞鮮人と誤信し棍棒玄能鳶口等を以て殴打傷害す」。午後7時頃、府中管内「鳶口、日本刀、竹槍、棍棒を以て殴打し一名を殺害す」。品川管内では「鮮人と誤信し日本刀を以て殺害す」。9月3日午前3時頃、寺島管内では「サーベルにて斬殺す」。午前6時頃には「足部をピストルを以て狙撃したるを他の多数人が死に致らしむ」などと、記録されています。

先の報告書にまとめられた一覧表を見てもらうとわかると思いますが、被災地のあちらこちらで殺人や傷害事件が発生、日本刀やピストルなどの武器以外にも、棍棒や棒の先に鉄製の鉤《かぎ》をつけた鳶口などが凶器として使用されていることが記録されています。鳶口は本来、火事の時に家屋を壊したり、木材運搬の際に引っかけたりするのに用いる道具です。

前出の「災害教訓の継承に関する専門調査会報告書　1923　関東大震災【第2編】」(第4章　混乱による被害の拡大、第2節　殺傷事件の発生)では「官憲、被災者や周辺住民による殺傷行為が多数発生した。武器を持った多数者が非武装の少数者に暴行を加えたあげくに殺害するという虐殺という表現が妥当する例が多かった。殺傷の対象となったのは、朝鮮人が最も多かったが、中国人、内地人も少なからず被害にあった。加害者の形態は官憲によるものから官憲が保護している被害者を官憲の抵抗を排除して民間人が殺害したものまで多様である。また、横浜を中心に武器を携え、あるいは武力行使の威嚇を伴う略奪も行われた」と指摘し、殺害の実行は地域住民たちも含まれることを示しています。

2日午後以降に発生した広範な朝鮮の人たちへの迫害の背景としては、当時、日本が朝鮮を支配し、その植民地支配に対する抵抗運動に直面して恐怖感を抱いていたことがあり、無理解と民族的な差別意識もあったと考えられています。流言のような単なる噂ではなく、政治的な意味も含む、デマが人々を殺害へと駆り立てていったのです。

「関東大震災朝鮮人虐殺」について、この国の検証は十分ではない

2023年12月の参議院内閣委員会では、立憲民主党の石垣のりこ議員が、群馬県藤岡市や埼玉県本庄《ほんじょう》市で自警団が警察署を襲い、保護されていた朝鮮の人たちを多数殺害したとして実行犯らが有罪とされた事件について、「流言を信じて朝鮮人を殺害した者が存在したことを認めるか」と政府に認識を質《ただ》しました。

松野博一《ひろかず》官房長官（当時）は「調査した限りでは、政府内にその事実関係を把握することのできる記録が見当たらないという従前の認識に変わりはない」と答え、警察庁の楠 芳伸《くすのきよしのぶ》長官官房長は「文書はきわめて古く、部外から寄贈を受けたもので、作成経緯が明らか

でないことから、記載内容の事実関係について確定的なことを申し上げるのは困難」と消極的に回答しました。

さらに、石垣議員は震災翌年の1924年（大正13年）1月21日の関東大震災時の朝鮮人虐殺に関する閣議決定文書について質問。国立公文書館に残っていた文書には「大正十二年九月の震災当時に於ける混乱の際朝鮮人犯行の風説を信じ其の結果自衛の意を以て誤って殺傷行為を為したる者に対しては事犯の軽重に従い特赦又は特別特赦の手続きをなすこと」と書かれ、朝鮮の人たちを殺害した人への恩赦について述べられていました。

この閣議決定文書について政府は「調査した限りでは、政府内にその事実関係を把握することのできる記録が見当たらないことから、お尋ねについてお答えするのは困難」と回答。関東大震災における朝鮮の人たちに対する流言やデマと虐殺に関して、政府の説明は十分とは言えず、歴史と正面から向き合うことを避けています。

また、前出の「災害教訓の継承に関する専門調査会報告書 1923 関東大震災【第2編】」（第2章 国の対応、第1節 内閣の対応、3 山本内閣の成立、（1）警備体制の強化）には次のような記述があります。

「被災地では朝鮮人暴動の流言に基づいて民間の自警団による朝鮮人に対する暴行、虐殺など殺傷事件が起きていた。混乱の中、真偽を確かめられないまま、官憲も流言を事実と誤認し、行動した。このことが官憲自身の手による朝鮮人殺傷事件を引き起こし、また、自警団の暴走を助長する結果となった。3日朝、海軍の船橋送信所から呉鎮守府副官宛に打電された、内務省警保局長名の各地方長官宛電文では、東京附近の震災を利用して朝鮮人は各地に放火し、「不逞」の目的を遂行しようとしている、現に東京市内において爆弾を所持し、石油を注いで放火するものがある、既に東京府下には一部戒厳令を施行したので、各地においても充分周密な視察を加え、朝鮮人の行動に対しては厳密な取締を加えてもらいたい、と述べられていた（防衛省防衛研究所図書館所蔵、「大正12年 公文備考 巻155 変災災害3 震災関係2」所収の文書。姜徳相・琴秉洞編、1963、p.18にも採録）。流言は官憲が認定する形で、被災地はもとより、全国に拡大してしまったのである」

この報告書では、震災から2日が経過した当時、内務省が「震災に乗じて暴行する朝鮮人が来るかもしれないから、各町村は在郷軍人や消防団と協力し、一朝有事の場合は適当の方策を」と関東近県に指示し、これにより各地で自警団の結成を促す結果となったと指摘しています。つまり「官製デマ」が朝鮮の人たちなどを殺害する起因となったと検証しているのです。

中央防災会議の検証を政府はどのように受け止めているのか。2017年4月、第193回通常国会で有田芳生《よしふ》参議院議員（当時）が次のように質問しています。質問主意書から引用します。

「一　報告書第二章第一節『内閣の対応』では、海軍の船橋送信所から内務省警保局長名で各地方長官に対し、朝鮮人が各地に放火し、『不逞』の目的を遂行しようとしており、朝鮮人の行動には厳密な取締を加えてもらいたい旨の電文を打電した例をあげ、関東大震災下の朝鮮人暴動等の流言について、『官憲が認定する形で、被災地はもとより、全国に拡大してしまったのである』との認識を示しています（七十三頁）。現政権も同じ認識ですか。

二　報告書第三章第三節『千葉県での対応』では、新聞報道を基にして、海軍の船橋送信所の所長が『集まった村民に対して、朝鮮人暴動に対する一般的状況、送信所の任務の重要性、「送信所襲撃の目的を以て来る朝鮮人」は殺しても差し支えなく自分が責任を負うことなどを訓示した』こと、この訓示により同送信所周辺で実際に自警団による朝鮮人の殺害が生じたことを指摘しています（百六十頁）。政府はこの新聞報道の内容を事実であると認定しますか。

三　報告書第二章第二節『軍隊の対応』には、『軍隊が無実の朝鮮人・中国人を殺傷した行為は深く反省すべき点であり、このような過ちは二度と起こしてはならない』と記述し（九十五頁）、報告書第四章第二節『殺傷事件の発生』では、『軍隊の歩哨や護送兵の任務遂行上のやむを得ない処置として十一件五十三名の朝鮮人殺害が記録されている』、『この際飛び込まずに逃亡しようとした他の朝鮮人は「多数の避難民及び警官の為めに打殺せられたり」』と例をあげ（二百七頁）、関東大震災下に軍隊・警察自らが、朝鮮人・中国人を殺害したと指摘していますが、政府はこれを事実と認定しますか。

四　関東大震災時における朝鮮人、中国人等の虐殺事件に日本政府が関与したことについて、歴代政府が遺憾の意を表明したことがありますか。表明したことがなければ表明する予定はありますか。表明する予定がないならその理由をお示しください。

五　政府は、報告書の記述の根拠となっている、防衛省防衛研究所図書館所蔵『大正十二年公文備考』、『関東戒厳司令部詳報』所収の『震災警備ノ為兵器ヲ使用セル事件調査表』は、関東大震災当時に日本政府が作成した、『関東大震災時における朝鮮人、中国人等の虐殺事件に日本政府が関与したこと』について、『事実関係を把握することができる』記録であると認識していますか。

右質問する」

有田議員の質問に対して、政府はどのように答えたのでしょうか。答弁者は安倍晋三《あべしんぞう》内閣総理大臣（当時）です。

「一から三までについて

御指摘の『報告書』は、有識者が執筆したものであり、その記述の逐一について政府としてお答えすることは困難である。

四について
お尋ねの『歴代政府が遺憾の意を表明したこと』については、調査した限りにおいては確認できず、御指摘の『関東大震災時における朝鮮人、中国人等の虐殺事件に日本政府が関与したこと』について、調査した限りでは、政府内にその事実関係を把握することのできる記録が見当たらないことから、『遺憾の意を表明』する予定はない。

五について
御指摘の『大正十二年公文備考』については、防衛省において調査した限りでは、『関東大震災時における朝鮮人、中国人等の虐殺事件に日本政府が関与したこと』についての記述は見当たらないことから、お尋ねの『「事実関係を把握することができる」記録』には当たらないと考える。御指摘の『震災警備ノ為兵器ヲ使用セル事件調査表』については、調査した限りでは、政府内に見当たらないことから、お尋ねについてお答えすることは困難である」

政府が所管する会議での結論でありながら「有識者が執筆したもの」として「政府とし

てお答えすることは困難である」という答弁は常識的に考え不誠実です。当時の政府の姿勢は、これ以降も変わることなく、冒頭お伝えした松野官房長官の「従前の」という表現につながります。

「関東大震災朝鮮人虐殺」という、日本の災害史上最悪規模の流言、デマ殺傷事件について、この国の検証は未だ十分ではないのです。こうした国の姿勢は、現在直面する「フェイクニュース」の対処にも影響を与えています。

政府の無責任な姿勢は、市井での疑心暗鬼を生み出し、そうした不安定な社会環境は次の流言やデマなどを受け入れてしまうのです。

東日本大震災はデマと隠ぺいとの格闘

この原稿を書いている最中も、地震や台風、集中豪雨など災害はあちらこちらで発生しています。

2024年8月8日、午後4時42分ごろ、日向灘《ひゅうがなだ》を震源とする地震が発生。地震の規模を示すマグニチュードは推定7・1、最大震度6弱を宮崎県で観測しました。この地震で九州や四国の一部に津波注意報が発令、気象庁は大規模地震の発生可能性が平常時に比べて相対的に高まっているとして、南海トラフ地震臨時情報の「巨大地震注意」を、運用以来はじめて発表。国民に対し1週間程度、注意するよう呼びかけました。

国は南海トラフ地震による被害想定を策定し、注意喚起を続けてきました。静岡県から宮崎県にかけて各地で震度7の激しい揺れがあちらこちらで同時多発的に発生。沿岸地域では10メートルを超える津波が襲来。死者数は最悪規模で32万人を超えるという壊滅的な被害です。

南海トラフ地震臨時情報は、南海トラフ沿いで異常な現象が観測された場合や地震発生の可能性が相対的に高まっていると評価された場合などに、気象庁から発表される情報です。「調査中」「巨大地震警戒」「巨大地震注意」という危機の段階が異なる3つのキーワードで、私たちに早めの避難や備えを呼びかけるものです。

そうした中、政府が同時に発信したのは、デマへの対処でした。当時の岸田文雄総理大臣は8日、首相官邸の危機管理センターに官邸対策室を設置。気象庁が発表した南海トラフ地震臨時情報の「巨大地震注意」について、警戒や備えに万全を期し、SNSなどによる偽情報を拡散しないよう国民に呼びかけました。

翌9日、林芳正《よしまさ》官房長官は臨時の記者会見で「南海トラフ地震臨時情報・巨大地震注意」に関連した情報を装って、ＳＮＳなどで迷惑サイトに誘導する投稿があると説明、「災害の発生時には不安をあおる根拠のないデマが流布する可能性もある。政府として正確な情報の発信を続ける」と強調しました。

ＳＮＳ上では、根拠の無い地震襲来の予測や、人工地震説、ポルノサイトへの誘導など、さまざまな不穏な情報が飛び交っていました。こうした呼びかけのポイントは、「偽情報に惑わされないように」という受け手に対する注意喚起と共に「偽情報を拡散させないように」という発信に対する注意喚起です。

東日本大震災以降、市民がデマ拡散側に回り思わぬ混乱に加担してしまうことへの対処が特に必要になりました。写真や映像の発信やＳＮＳの活用が容易になったスマートフォンの普及は大きな要因です。

ＮＴＴドコモが運営するモバイル社会研究所が２０２４年1月に行った調査によると、現在、国内の携帯電話の所有者のうちスマートフォンを使用している人の割合は97％。東日本大震災前年の２０１０年の調査では約４％しかありませんでした。

しかし、震災発生で多様な情報環境のニーズが高まり、Ｔｗｉｔｔｅｒ（現X）などＳＮＳの普及と利用が進み、２０１２年の調査で20％を超え、その後爆発的に普及していきます。2015年に5割を突破し、2017年に7割、2019年に8割、2021年には9割を超え、2024年に97%になりました。

また、東日本大震災は、同時にSNSの利用者が急増するきっかけにもなりました。119番通報の殺到による回線の輻輳《ふくそう》や地震・津波により公衆通信網の中継局が被災したことや非常電源の容量不足等により、電話回線の途絶が生じ、緊急通報に支障をきたすなど一刻を争う「命の情報」の送受信に支障が出たのです。こうした中で、人々が手繰り寄せるようにして活用したのが、比較的災害に強いインターネット回線を使ったSNSでした。

それを物語るのが、自治体が運用していたTwitterアカウントの投稿やフォロワー数の急増です。総務省「平成23年版 情報通信白書」によると、被災地域の自治体アカウントの1日当たりツイート数は、3月11日から急増し、3月10日以前の約10倍に達したといいます。

その後次第に減少したものの、震災前と比較して多くの投稿がされました。周辺地域の自治体アカウントでは、被災地域よりもやや遅れてツイート数が増加し、3月18日頃にピークとなりましたが、その後もあまり減少せず、ツイート数の多い状態が3月末まで続きました。

また、被災地域の自治体アカウントのフォロワー数も震災後急増し、3月31日には、震災前の約10倍のフォロワー数となりました。3月下旬になって、フォロワー数の増加ペースはピーク時よりも落ちたものの、3月11日以前に比べると急速な増加が続きました。

白書では「被災地域の自治体等がＴｗｉｔｔｅｒを活用して情報発信に取り組んだこととともに、Ｔｗｉｔｔｅｒ利用者の間でこういったアカウントに対し関心が高かったことがうかがわれる」と分析しています。

当時、私もＮＨＫ職員のひとりとして、Ｔｗｉｔｔｅｒのアカウント（@nhk_HORIJUN）を運用していました。発災直後から夜までニュースセンターで勤務をした後、深夜からは自席に戻って、ノートパソコンの前に三日三晩、張りつきました。ＮＨＫニュースの原稿をリライトして、Ｔｗｉｔｔｅｒで発信するためです。

テレビも見られない、ラジオを聴く環境にもない、情報から孤立し避難を迫られている人たちや、都内でもあふれる帰宅困難者たちをはじめ、ひたすら、家族や親戚、友人の安否情報を探す人たちなど、そうした方々が、細い糸にしがみつくようにして、なんとかつながっていたインターネットを頼りにＴｗｉｔｔｅｒに集まっていたからです。

被害の現状や避難場所の情報、医療機関や交通情報、原発の状況や不安の大きい方々への声かけなど、昼夜を問わず発信を続けました。

さらに、ここでも必要になったのが、誤った情報やデマへの対処でした。

3月11日、本震直後に出回った代表的なデマが、千葉県市原市で発生したコスモ石油千葉製油所での爆発炎上事故に関してでした。震度5弱の揺れに襲われた市原市。その後の余震で製油所のタンクが倒壊。配管から漏れたガスに引火し大規模火災が発生しました。現場からの映像は夜空を染めるほど真っ赤に燃える巨大な火柱と黒煙。ほどなくして、ネット上にはチェーンメールが出回り始めます。

「コスモ石油の爆発により有害物質が雲などに付着し、雨などといっしょに降るので外出の際は傘かカッパなどを持ち歩き、身体が雨に接触しないようにしてください！」「工場勤務の義弟から情報。外出に注意して、肌を露出しないようにしてください！」などといった内容で、中には「厚生労働省より」という題名をつけて拡散させているものもありました。

鎮火までに10日間を必要とした火災。報道される燃え盛る炎の映像を見ていると、回ってくるメールもあながち間違いではないようにも思えてしまう内容でした。

しかし、これは完全なるデマ。コスモ石油は朝日新聞の取材に対し「燃えているのは調理などにも使われるLPG。有害物質は含まれていない。雨に有害物質が混じることはほとんどあり得ない」と内容を否定。12日夕方に、チェーンメールの内容はデマであるという検証記事が公開されました。厚生労働省も注意喚起を行い、デマの発信はその後、終息に向かいます。

前述した総務省の情報通信白書では、コスモ石油のコンビナート火災に伴う「有害物質の雨」という誤った情報について、関連キーワードの出現推移を調査しています。白書の中で示されているデータを見ると、3月11日の震災直後、コスモ石油という言葉のツイートが急増していますが、この段階では打ち消し表現である「デマ」という言葉を含むツイートがほとんどみられません。

その後、3月12日の午後に、コスモ石油という言葉を含むツイートが再び急増。その多くが「デマ」という否定語と共にツイートされていることがわかりました。白書は「約1日でTwitter上でのデマの打ち消しが行われたことが推察される」と結んでいます。

誤った情報の拡散を食い止めるのは、取材や検証に基づく正確な情報の速やかな発信が有効であることがあらためてわかります。後述しますが、報道機関や専門家や市民が参加してフェイクニュースを打ち消す「ファクトチェック」の取り組みは広がりを見せています。公開情報をもとに、情報の出所や発信者の意図なども速やかに検証するOSINT(Open-Source Intelligence)にも注目が集まっています。

一方で、東日本大震災では検証に時間を要する複雑な事象が課題を残しました。マスメディアへの不信をよりいっそう喚起してしまった痛恨の出来事でもありました。私たち日本人が直面した、未曽有の原発事故をめぐる「ある文言」の取り扱いに注目します。

メルトダウン(炉心溶融)隠ぺいの舞台裏

2011年3月11日以降の福島第一原子力発電所の事故をめぐって、東京電力は事故後の早いタイミングでメルトダウン(炉心溶融)が発生している可能性を認識していました。しかし、「メルトダウン」や「炉心溶融」といった表現を使うことに慎重で、東京電力がそれについて公表したのは、事故発生から2ヵ月が経過してからでした。

事故後の原発は今、どのような状態なのか? メルトダウンのような重大な事象を正確に把握して素早く公表しなければ、住民の避難を適切に行うこともできません。

メルトダウンの公表がなぜ事故から2ヵ月以上経ってからのことだったのか。事故から5年後の2016年6月、東京電力の第三者検証委員会が報告書(福島第一原子力発電所事故に係る通報・報告に関する第三者検証委員会「検証結果報告書」）を公表し、東京電力の廣瀬直己《ひろせなおみ》社長（当時）は「当時の社長が炉心溶融という言葉を使わないよう指示していたのは隠蔽ととらえられても仕方がない」と謝罪しました。

一方で、報告書は「清水社長が、同月14日20時40分頃からの記者会見に臨んでいた武藤副社長に対し、東電の広報担当社員を通じて、『炉心溶融』などと記載された手書きのメモを渡させ、『官邸からの指示により、これとこの言葉は使わないように』旨の内容の耳打ちをさせた経緯があり（その経緯は記者会見のテレビ映像でも確認され、その広報担当社員も、その指示を清水社長から直接受けたと説明している。）、この事実からすれば、清水社長が官邸側から、対外的に『炉心溶融』を認めることについては、慎重な対応をするようにとの要請を受けたと理解していたものと推認される。」と指摘し、炉心溶融の公表が遅れた原因のひとつは、当時の総理大臣官邸からの指示だった可能性を示唆しました。

ところが、報告書の公表を受け、菅直人《かんなおと》元総理や枝野幸男《えだのゆきお》元官房長官ら当時の政権幹部はこれを否定。当時の民進党として東京電力や第三者検証委員会に対し、代理人弁護士を通じて謝罪と撤回を求める抗議文書を送付する事態に発展しています。

そもそも、第三者検証委員会は、官邸側からの指示とされるメモの存在について報告書の中で「清水社長や同行者らから徹底したヒアリングを行ったが、官邸の誰から具体的にどのような指示ないし要請を受けたかを解明するには至らなかった」と説明しており、菅元総理や枝野元官房長官など、当時の政権幹部らへの聞き取りを行って指摘をしているわけではありません。

一体、総理大臣官邸と東京電力との間に当時どのようなやり取りがされていたのか？　私は、報告書の公開を受け、核心を知るキーマンのひとりに独占インタビューしました。

原発事故当時の内閣審議官で、総理や官房長官らの様子を総理大臣官邸で広報担当者として直接見聞きしてきた、下村健一《しもむらけんいち》さんです。

メルトダウンが東京電力で禁句として扱われるようになっていった過程が見えてきます。官邸からの圧力は本当にあったのか？　元TBS報道キャスターというジャーナリストの観察眼で内幕を目撃していた下村氏の証言から、メルトダウン隠ぺいの舞台裏を明らかにしました。

「不都合でも隠すな。不確かなら喋るな」。総理大臣官邸のスタンス

下村氏はインタビューの中でまず、総理大臣官邸からの東京電力への直接的な隠ぺい指

2015年2月16日、福島県浪江町の請戸小学校の近く。除染で出た汚染土を詰め込んだフレコンバックの処理が大きな課題だった。 撮影／堀潤

示の可能性を否定。伝言ゲームと忖度《そんたく》による東京電力と総理大臣官邸、そして原子力安全・保安院との間に生じていった「ズレ」を証言しました。

堀　当時の情報発表の方針について、総理大臣官邸ではどのような認識で行っていたのかまず教えてください。

下村　当然あの時は、誰であっても一番怖いのは炉心溶融だというような大雑把な認識がありますから「炉心溶融なんですか、これは？」というのは当然、記者会見でも一番の焦点の質問のひとつ、ですよね。だから答え方として、「（我々だって）わかったら説明したいよ」という

のが官邸の（本音の）スタンスでした。

当時、事故直後ぐらいから、菅さんと枝野さんが我々広報の人間に向かって言っていたのは、このふたつの原則でいくからなというものでした。それは「不都合でも隠すな。不確かなら喋るな」。とにかくこのふたつでいくからな、と。

つまり、今まで続けてきた原子力安全神話からすると不都合なことであっても、今までの国策から矛盾してしまうからといっても、「言わないでおこう、とすることはしない」というのがひとつ目の原則ですね。不都合でも隠すな。そして、2番目が「不確かなら喋るな」。

これはもう我々メディア側にいた人間にとっても、それはそうだよねと思いましたから、なんでですかとは誰も言わない。そうだよなと。（大混乱の）今こそ、一番確証を得られた事だけを喋るべきだなと思ってましたから。

で、炉心溶融に関しては、2番目の原則のほうに当たったわけですね。「本当にわかりません」という東電の説明に対して、じゃあしょうがない、わかったらちゃんと発表しましょう、今は「その可能性もある」という事だけを正直に発表しましょうと、そういう事です。

東京電力と総理大臣官邸の間の「ズレ」

「不確かなら喋るな」という原則は、東京電力と総理大臣官邸の間にもさまざまなズレを生じさせていったようです。

東電の第三者検証委員会の報告書では、福島第一原発の各号機が水素爆発を起こすなど事態が緊迫化するなか、3月14日午後8時40分頃からの武藤副社長（当時）の会見中に清水社長（当時）から「官邸からの指示でこれとこの言葉（筆者注：炉心溶融）は使わないように」と広報担当社員を使ってメモを見せながら耳打ちした事実を挙げ、総理大臣官邸から慎重な対応をするよう要請を受けたと理解していたものと推認されるとしています。

さらに、報告書では同14日までの間に、官邸からさまざまな圧力があったかのような記述が続きます。官邸からの圧力なのか？　下村氏にさらに質問を重ねました。

まず、報告書が「官邸からの東電に対する『炉心溶融』についての指示の有無」として指摘したのは、3月12日の1号機水素爆発直後の東電と総理大臣官邸とのやり取りについてでした。

報告書から引用します。

「官邸に詰めていた東電社員は、官邸への事前連絡なく福島第一原発1号機の原子炉建屋爆発後の写真が公表されたことに関して、平成23年3月12日夜、首相及び官房長官から不快感を示されたため、翌13日午前、東電に戻り、清水社長に対し、官邸に説明に赴くよう進言した。

それを受けて、清水社長は、同日午後2時頃、小森常務、他の役員1名及び社員数名と共に官邸を訪れ、官房長官執務室に清水社長1人が入室して、官房長官と面談し（官房側の同席者がいたか否か、同席者がいたとしてその人物が誰かは不明である。）、また、首相執務室に清水社長、小森常務らが入室して、首相と面談したようである。その際に、清水社長や小森常務らが、首相や官房長官（同席者がいたとすれば、その同席者）から、どのような話をされたのかについて具体的に確認することはできなかった。

しかし、清水社長が東電本店に戻ってから、東電の部長に対し、今後、東電がプレス発表する際には、事前にプレス文案や公表資料等について官邸の了解を得るよう指示をしており、その事実からすれば、官邸側から、マスコミに公表する際には事前に官邸側の了承を得るようにとの要請を受けたものと推認される」

堀　官邸は情報発表に関して、事前の了解を得るよう東京電力に求めましたか？

下村（第一原発の爆発の写真が、官邸の知らないうちに公開されたことについて）官邸は、こんな大事な時に情報が共有されていないってことが不快だったわけです。多分、清水社長側はそれを言われた時に「その写真を出したことが不快だ」と官邸が思っていると勘違いしたのではないでしょうか。そこから、「ズレ」が始まってるんですよ。

とにかく官邸は、「不都合でも隠すな」というのが第一方針でしたから。前もって状況を把握さえしていれば、「この写真は出さないで」とは絶対言わなかったはずなんですね。だから、そこでまず第1ボタンのかけ違いが起きてしまった、ということですね。

この後、清水社長が本店に戻ってから「今後の東電のプレス発表は事前に官邸の了解を得るように」という指示をしている。ここで「了解」という言葉が登場するわけですよね。これは相当大きな分水嶺というか、分かれ道になってしまったと思うんです。

官邸としては、「事前に知らせろ」「共有しろ」ということだったのですが、「了解」という言葉に伝言ゲームで変わってしまった、瞬間的に。「了解」というのは「いいですよ」ということですよね。いいか悪いかを官邸が決める、ということですよね。そんなことは、官邸は求めてないわけですよ。

たとえば官房長官の記者会見で、記者から「東京電力が今こういう発表しましたけど」と聞かれ、「えっ、私それ知りません」と官房長官が言う状況は、（一般論として）まずいわけですよ。ああいう中で、ちゃんと全体をコントロールしなきゃいけない時に、知ってる情報が（各プレーヤー間で）ばらばらだったらいかんっていうのは、もうこれは当たり前の話ですよね。

だからそこを揃えようね、ということまでが官邸側からの要望だったんだけども、それが「事前に了解を得ろ」という指示に変わってしまった。これによって東電側は、「官邸から了解を得ろと言われたから」と社長から言われれば、当然そこから下の人は、「あ、そうなんだ、じゃあ官邸がいいと言ったことしか出したらいけないんだ」というふうに思いますよね。そこでズレていったんだと思います。

枝野官房長官は知らなかった保安院会見担当者の交代劇

報告書は、官邸からの指示を示唆する事柄として、3月12日の保安院審議官の交代劇についても指摘をしています。

「平成23年3月12日の17時50分まで、保安院の記者会見の主たる説明者であり、炉心溶融を半ば認めるかのような発言をしていた原子力安全基盤担当のA審議官が、同日の18時以降の記者会見時における主たる説明者の役割から外れ、その後の記者会見では、B首席統括安全審査官が主たる説明に当たることとなった。同審査官は、炉心溶融の質問に対しては明言を避け、正確な状況を把握していないとして、炉心損傷の可能性は認めつつも、『炉心溶融』の用語を使わずに説明した」

この交代劇に関しては、一般でも「炉心溶融について言及した結果、審議官が交代させられた」国からの圧力を象徴するシーンだとして論じられることが度々ありました。報告書ではこうした交代劇を見た東京電力側が、炉心溶融という言葉の取り扱いについて了解が必要だと判断するひとつの要因になった可能性を指摘しています。

実際に、圧力はあったのか？　下村さんは舞台裏をこう証言します。

堀　炉心溶融の可能性については、3月12日の会見で原子力安全・保安院の審議官が言及しました。しかし、その次の回から、会見で説明する担当者が代わりましたよね。官邸からの指示があったのでしょうか？

下村　私も、ちょうどその時居合わせたんですが、官邸の中のどの部屋か忘れましたけども。原子力安全・保安院の記者会見で、炉心溶融が起きているんじゃないかという趣旨の発言を審議官が話されたと。で、その時に枝野さんが「なんでこんな不確かな事を言うんだよ」ということを、誰という対象がいるわけではないけども、怒ってその時に口にしたんですよ。それを私も聞いていました。

堀　会見の様子を見ながらですか？

下村　リアルタイムで記者会見を見ながらではなかったと思います。あの会見でこんな事を言ったというような事実を知った瞬間の反応ですね。それを聞いてて、私もそのとおりだなと思いましたよ。

ここで、本当はどうだかわからないうちに「炉心溶融だ」ということがバーッとひとり歩きしちゃって、後で違いましたっていうことになった場合に、またあの、避難の判断基準なども変わってきかねないですしね。

現にあの時は、避難行動によって入院患者の方が移動中に亡くなったりとか、それはもう命に関わる状況でしたから、ちゃんと確かなことだけを伝えていこうということがありました。確かじゃないことは、「可能性もある」っていう表現にとどめるべしと。

まあその只中に、かなり「炉心溶融だ」というふうに受け取れるような発言があったので、「その発言の仕方はまずいでしょ」というのは、枝野さんからすると当然の憤りだったと思います。で、その後、何があったかわからないんですけども、次の会見で、突然保安院の会見の担当者が代わってたんです。それを知った時の枝野さんの反応も、私は官邸で見てましたけど、「あれ、代わっちゃったの、あの人？」というような発言だったんですよね。

ということは少なくとも、枝野さんがあいつ降ろせと言ったんではなくて、誰かしらが、その前の枝野さんの憤りを見ていて、大変だ大変だ、これは官房長官がお怒りだということで、勝手に忖度して、交代させた方がいいというような話になったんでしょう。

その時に、これは「官邸の意向」だって言葉が勝手に使われたかどうかはわかりませんけれども、とにかく次の会見で人が代わっていて、怒った当人である枝野さんもびっくりした、というようなことがありました。これは、すごく象徴的だなと思いましたね。周りが忖度していくという。

堀　枝野さんは相当驚かれていたんですね。

下村　「あれ、代わったの？」ってびっくりしていましたね。

堀　代える必要はなかった、など担当者の配置換えがその場で問題になったりはしなかったのですか？

下村　別にそこまではなかったですね。代わったことによって、後でそれが「官邸のプレッシャー」という（忖度が生んだ）怪物になって、東京電力に対してもっともっと沈黙を強いていく空気を作る――という先の展開までは、僕らも読めなかったですから。

なんというか、そういうことが自動的に発生するっていうことまでは……。まだあの段階では（事故自体が予断を許さず）やんなきゃいけないことが山のようにありましたから「あれ、代わっちゃったの？」だけで、すぐに関心事は次のことに移っていった、という状況でしたね。

下村さんの証言では、官邸からの直接的な隠ぺい指示はなく、非常時における伝言ゲームが続く中で、言葉の受け止めかたの違いによる誤解や忖度の連鎖が起きていたことがうかがえたのです。

東電も官邸も、炉心溶融という文言をタブー視していなかった？

原発事故当時、筆者はＮＨＫアナウンサーとしてニュースセンターで深夜ニュースなどを担当していました。自分がニュースを読んでいない時間帯は、テレビニュースが届かない人たちに対してＴｗｉｔｔｅｒなどを使って、ＮＨＫニュースの原稿をリライトしてツイートする発信を続けていました。

振り返ってみると、上記の経緯で東京電力が炉心溶融という文言に過敏に反応する以前は、この言葉をタブー視していなかったことがうかがえます。

３月12日、第一原発１号機の異変を伝える速報でＮＨＫはこう伝えています。当時、私が投稿したＴｗｉｔｔｅｒの文面を引用します。

堀潤　Jun Hori
@nhk_HORIJUN
【速報　福島第一原発1号機】原子力安全・保安院によると、福島第一原発で放射性物質を検出。炉心の燃料が溶け出た可能性があります。
午後２：19　２０１１年３月12日

*https://x.com/nhk_HORIJUN/status/464400330157096960

　実際に、東京電力の会見では当初、「炉心溶融」に関するやり取りもありました。

　第三者検証委員会の報告書でも「3月12日の早朝から、1号機の炉心損傷の可能性を認識しており、同日内の東電の記者会見では、炉心溶融していないかを問われ、小森常務は、炉心溶融の可能性がある旨の回答をしていた」「同月14日も、炉心溶融の有無の判断について、記者会見では厳しい追及があり、3号機の爆発後の記者会見で、小森常務は、3号機について炉心溶融の可能性があることを肯定する趣旨と受け取られるような説明をしていた」としていて、当初は東京電力側が炉心の溶融という事実を過剰に隠したがっている様子はありませんでした。異変があったのは、同日夜の会見で官邸からの指示があったとするメモが差し込まれてからです。

　一方、総理大臣官邸の動きからも炉心の溶融という事実を意図的に隠ぺいしているようには思えません。なぜなら、枝野官房長官は3月14日の会見、そして東電に先ほどのメモが渡った午後8時40分からの会見直後の午後9時3分からの会見で、記者から「2号機についてだが、燃料棒の溶融は起きたと考えているか」と質問されたのに対し、「それが起きている可能性は高い。1、2、3、いずれも。確認はできないが、起きている可能性は高いという条件は3つとも一緒だ」と回答し、炉心の溶融、メルトダウンの可能性についても想定しているという旨の発言をしています。

＊https://www.gov-online.go.jp/prg/prg4526.html（会見動画23分頃）

炉心溶融の公表の遅れは情報伝達におけるさまざまなエラーから生じていった可能性が高いのです。当時の関係者たちのそれぞれの証言を結んでいくと、原発事故発生直後は過剰で意図的な隠ぺいがされたようには見えません。

その後の伝言ゲームによる情報のねじれと、責任の所在があいまいな忖度の連鎖が起きていました。それだけに、非常時における情報伝達の難しさを逆に浮き彫りにした形です。

「3・11と原発事故の広報は失敗だった」

その上で下村さんはインタビューの中で、こう締めくくりました。

下村　結果的に3・11と原発事故の広報がうまくいかなかったことは、間違いないです。

未だにこれだけの、いろんな疑念が渦巻いているということは、あの当時の官邸広報はやはり失敗したんです、本当に。

要するに、「国民の皆さん、これだけしか政府はわかっていません」っていうことを、国民に不安を抱かせずに伝える術《すべ》を、なんとかあの大混乱の中で我々は編み出さなきゃいけなかったと思うんです。私も当時、たまたまあの時期に官邸の中に遭遇した人間として、一生十字架（広報失敗という結果責任の一端）を背負ってると思っています。

だから今いろいろと、情報発信はこういうふうにしましょうという活動を続けているのですが、これはもう一生続けてくしかないと思っているし、次にまたどこかで、またどんな形か、我々人類の浅知恵ではわからないような想定外の災厄が来た時には、パッと的確に情報が国民に共有されるようにしておかなくてはいけないと思っています。

でも、これだけ今回反省してマニュアルを作っても、またそのマニュアルがどこにあるかわからなかったら、それで終わりなわけですよね。どこまでいっても教訓から学び続けるしかないんで、私もこういう機会にはどんどん尋ねられれば（お答えして）、あの時はこうだった、ここまでは思い至らなかった、ここは優先順位が一番にはならなかった、といった状況を共有してもらえたらと思っています。

少しでも、前回よりはマシな次回であってほしいと思うから。

下村さんの証言は、私が「主語を小さくする」という考えを持つに至った原点のひとつです。「官邸は」という大きな主語が多くの人々の暮らしに深刻な影響を与えることにつながったのです。デマだけではありません。「悪意なき誤読の連鎖」への警戒が必要です。

第3章 オープンジャーナリズムの時代の災害とメディア

ヨーロッパで拡がるファクトチェック機能強化

社会に広く流布されるデマや誤情報をいかに速やかに検証し、訂正を伝えることができるのか。災害時は特に、デマや誤情報の迅速な排除や訂正が必要なことはこれまで述べてきたとおりです。

一方で、災害だけではなく戦争や紛争、テロ、選挙をはじめとしたさまざまな政治的なイベントではデマや誤情報が飛び交いやすく、それによってその国や地域の安定を大きく揺るがす事態や変更が２０１０年代以降、頻発しています。

特に、地政学的にもそうしたリスクと常に向き合ってきたのが、ヨーロッパです。過去10年を振り返ってみただけでもさまざまな先進的な取り組みで、試行錯誤を繰り返してきました。

２０２４年9月、イギリス通信業界の独立監視機関、放送通信庁（Ｏｆｃｏｍ）がニュースの受け取り方について毎年実施している調査の最新版を公表しました。その結果によると、イギリス住民の71％がオンラインサービスを使ってニュースに触れていると回答。テレビと答えたのは70％でした。オンラインの比率が前年の68％から上昇、「ソーシャルメディア」も47％から52％に伸びたことがわかりました。16～24歳に限って見ると、ソーシャルメディアと答えた住民が82％にのぼり、オンラインのニュースソースとして最も多く挙げられたのは、「Ｆａｃｅｂｏｏｋ」「ＹｏｕＴｕｂｅ」「Ｉｎｓｔａｇｒａｍ」でした。テレビや新聞、およびそのウェブサイトは軒並み比率を下げました。

イギリスでは２０２４年、ネット上に広がったデマが原因で、各地で暴動が広がりました。イングランド北西部の海辺の町サウスポートでその年の７月末、ダンス教室で３人の女の子が教室に侵入してきた男に刺されて亡くなりました。

ＢＢＣによると、この日のうちに警察は、近隣に住む17歳の少年を逮捕、テロ関連の事件としては扱わないことを発表しました。しかし、その直後から、容疑者が２０２３年に小型ボートでイギリスに到着した亡命希望者だという間違った憶測や、容疑者はイスラム教徒だという根拠のないうわさも拡散。

実際には、逮捕された容疑者は英ウェールズ生まれのイギリス人でした。この誤った情報は、極右勢力や反移民の感情に火をつけ、地元のモスクが襲撃されるなど、イングランド全土に暴力が広がっていきました。警察は「未確認の憶測や虚偽の情報」を流さないよう市民に呼びかけたものの、亡命希望者が宿泊するホテルが襲撃されたり、群衆が商店を襲い、建物に火をつけるなどの事件に発展した地域もありました。

逮捕者は数日間で400名を超える事態に発展、デマを拡散し続けるSNS上のインフルエンサーたちの存在も問題となりました。こうした事態に、スターマー首相は、騒乱を「極右の蛮行」と呼んで非難、イギリス政府はソーシャルメディア企業と協力してデマや誤情報を確実に排除すると対処に乗り出しました。

最終的にイングランド各地で人種差別などに反対する平和的集会が開かれ、市民自身の手によって事態は沈静化していきました。まるで、関東大震災の際の朝鮮半島出身者に対するデマと暴力の広がりを彷彿させる出来事でした。

イギリスでは、デマの拡散によって政治的な判断に大きな変更が加えられたことがあります。2016年6月にイギリスで行われたブレグジット（EUからの離脱）を判断する国民投票です。当時、離脱派のイギリス独立党党首ナイジェル・ファラージ氏は「EUへの拠出金が週3億5000万ポンドに達する」と主張。その情報がSNS上で拡散されました。しかし、実際には、EUからイギリスへの分配補助金などを差し引くと拠出金は週1億数千万ポンドでした。ファラージ氏がこの誤りを事実上認めたのは投票が行われた後でした。

フランスのコンサルタント企業Ipsosの調査によると、イギリス国民の67%がこの誤った数値を聞いたと答え、イギリス統計局によって「事実と異なる」とされていたにもかかわらず、そのうち42％が真実であると信じていたと回答しました。ＢＢＣの分析では「離脱派が勝った8つの理由」のひとつとしてこの誤った金額、3億5000万ポンドが挙げられており、国民投票の結果に大きく影響したとされています。

こうした中、欧州委員会は2017年11月にハイレベル専門家グループ（ＨＬＥＧ）を立ち上げ、メディア事業者、ジャーナリスト、オンラインプラットフォーマー、有識者・研究者が参加する議論の場を設置、2018年3月にデマや誤情報といった、偽情報に対処するための報告書をまとめ公表しました。

短期的な対策として▼オンラインニュースの透明性の強化（透明性、アルゴリズムの説明責任、信頼性強化）▼ユーザー及びジャーナリストをエンパワーするツールの開発を掲げ、長期的な取り組みとして、▼情報メディアリテラシーの向上▼ヨーロッパのニュースメディア・エコシステムの多様性と持続可能性の保護が必要だと対策をまとめました。

そもそも偽情報への対策は多面的だとし、政治的主体、ニュースメディア、市民社会、デジタルメディアの4つの側面から考えるべきだと結論づけました。

まず政治的主体に対しては、外国政府、国内の政治グループによる活動を念頭に「偽情報の提供者になる可能性がある」と警鐘をならし、ニュースメディアに対しては、「偽情報の問題に寄与しているニュースメディアもある」として、報道機関は「偽情報に対する社会的な注意を喚起し、民主的な過程を補強する、職業的かつ独立したメディア及びジャーナリズムを強化することが重要」と指摘しました。

また、非営利ジャーナリズムやファクトチェック、リテラシートレーニングなどを行う市民社会団体の存在は「多くの分野において、監視役として重要な役割を果たしている」とする一方で、「偽情報の問題のいくつかは、虚偽または誤解を生じさせるコンテンツを市民（個人または集団）が共有することから生じている」と課題を提示。

そうした市民による共有がデマ拡散のエンジンになっている現状から、デジタルメディアのプラットフォーム事業者は「情報の流通と監視というふたつの面でさらに重要な存在となる」とまとめています。

報告書では「多様な情報や従来よりも変化に富んだ情報源に基づく意見について」新たな発信と受信の方法が作り出され、「ヨーロッパ市民はエンパワーメントされた」とも述べています。

「AI規制法」の成立とBBCの取り組み

こうした議論や対策の積み重ねの末、ヨーロッパでは情報の流通に関するさまざまな法制度化を世界に先駆けて進めています。2024年5月、欧州理事会はデマや誤情報といった、偽情報対策につながる世界初の「AI規制法」を成立させました。

EU内で活動する世界の企業が対象で、大半の規則を2026年から適用します。生成AIで作った画像の明示を義務づけ、違反時には世界年間売上高の最大7%か、最大3500万ユーロ（約60億円）のいずれか高い方を制裁金として科す内容です。

法の整備だけではありません。イギリスのメディアの取り組みも先駆的です。月間12億アクセスで米CNNと共に世界2大ニュースサイトと呼ばれる公共放送BBC。2023年5月にニュースで使用される情報や映像などを検証する専門のチーム「BBC Verify」を発足させました。

調査報道やデータ分析などの技能・技術を持つメンバー約60人で構成された新たなチームが、SNSや衛星画像などの公開情報から事実を検証するOSINTの手法を活用し、ニュースで取り上げる情報や画像・映像のファクトチェックや偽情報への対応などを行っています。

ウクライナ南部や東部でのロシアによる防衛強化について、衛星画像をもとに、現状を読み解き解説。ウクライナによるモスクワでのドローン攻撃の検証をはじめ、パレスチナ・ガザ地区へのイスラエル軍の攻撃、北朝鮮のミサイルや核開発、トランプ前大統領（当時）狙撃事件やアメリカ大統領選に関わるファクトチェックなど、検証結果をYouTubeをはじめとしたSNSなどを活用しながら発信し続けています。

また、BBC Verifyは、市民との協業も重んじており「私たちはストーリーの背後にある事実と主張を調査して、それが真実かどうかを判断することに専念しています。何を調査してほしいですか？　私たちは、皆さんが聞いた人々の主張に特に興味を持っています。それは、ニュースで言われているのを聞いたり、ソーシャルメディア上で広まっているのを見たり、それが正しくないと感じたことかもしれません。あるいは、それは単にあなたがずっと真実を知りたいと思っていたことかもしれません」と、ファクトチェックが必要な事案の募集や情報提供なども呼びかけています。

欧州HLEGの報告書がニュースメディアに対して求めた「ジャーナリズム機関としての高い専門性」の追求はまさに今、BBCが取り組んでいることです。ここ最近、日本国内でもその存在感が増し、BBCの情報に触れている読者の方も少なくないと思います。

日本の従前のマスメディアがなかなか追及することができなかった芸能事務所「ジャニーズ事務所」のジャニー喜多川《きたがわ》氏に関する性加害問題の調査報道は日本社会に大きなインパクトをもたらしました。権威的で閉鎖的な芸能界とマスメディアの蜜月の関係の中で蝕まれた10代の少年たちに対する人権侵害の実態をＢＢＣが告発したのです。日本のニュースメディアの本質を見透かされたようなＢＢＣの報道姿勢に自戒を込めてひれ伏すしかなかったのが実情です。

実は、ＢＢＣは日本向けの情報発信をこの約10年間で強化してきました。２０１５年10月、ＢＢＣは日本向けニュースサイトのサービスを開始。なぜ今、日本だったのか、発表会見に参加し質問したところ「日本の若い世代で国際ニュースへの関心が高まっていることを確認した」と述べ、国際ニュースへの感度の高まりで新たな市場が日本にも生まれるという視座を提示しました。

まさにデジタルジャーナリズムの時代に、市民と共にニュースを創り上げていこうというＢＢＣの矜持《きょうじ》を感じた瞬間でした。ＢＢＣも決して簡単な環境でジャーナリズムを実践してきたわけではありません。政治権力からの干渉は世界中の公共放送の共通の課題です。

デジタル時代のニュースメディアの在り方

ＢＢＣは２０００年代はじめ、大義なき戦争といわれたイラク戦争に追従したイギリス政府を厳しく追及したことによって、トップが辞任する問題が発生。それを受けて、政治権力からの独立を掲げたＢＢＣ改革を断行。ＢＢＣトラストとよばれる最高意思決定機関を設け、委員を公募するなど独立したメディアとしての価値を発信してきました。その後も権力と放送局は振り子のように手探りで改革を進めてきました。

日本向けニュースサイトのサービス開始当時私は、ＢＢＣアジア太平洋地域のトップを務めていたジム・イーガン氏に単独インタビューし、デジタル時代のニュースメディアの在り方について直接見解を尋ねました。

堀　ＢＢＣの取り組みについて教えてください。

イーガン　インターネットは公共アクセスにとってすばらしいものだと思います。インターネットは、放送局と視聴者の間に双方向の対話を生み出すためのすばらしいツールです。私たちは、ＢＢＣではデジタルメディアやソーシャルメディアを活用して、視聴者が番組に参加していると感じられるように努めています。

イギリスでは、すべての人がBBCを所有している、あるいはその一部を持っていると感じているので、その所有感を表現し、影響力を持っていると感じられるようにすることが大切です。インターネットはその点で非常に役立っています。
ただし、ポジティブなことばかりではありません。BBCへのコメントの多くは批判的で、BBCに対する不満が多いです。それを読むのは必ずしも楽しいものではありませんが、無関心であるよりは良いことです。
堀 シビックジャーナリズム（市民参加のジャーナリズム）についてどう思いますか？ これは良いものだと思いますか？
イーガン はい、シビックジャーナリズムは、この10年間で非常にポジティブかつ進歩的な発展をしてきたと思います。特に非民主的な国々や、政治的またはメディアの自由が制限されている国々においてです。
この10年で、市民ジャーナリズムが社会を変えたり、完全な革命を引き起こしたりした国々を見てきました。しかし、市民ジャーナリズムは従来のプロフェッショナルなジャーナリズムにとって脅威ではないと考えています。
堀 両者は共存できるということですか？

イーガン　はい、そのとおりです。私たちが特に興味を持っている大きな問題は、新しいBBCの日本語ウェブサイトがどれだけ成功するかです。もちろん、ウェブサイトの立ち上げ自体は特に新しいことではありませんが、私たちは今日の立ち上げを第2世代のデジタルメディアの文脈で考えています。

ウェブサイト、モバイルでの消費、パートナーを通じたプラットフォーム外の消費など、これらすべてが日本での意味のある影響力につながり、良い市場シェアを得るための役割を果たすことを期待しています。

当時のイーガン氏の言葉のとおり、BBCの日本での発信は今、話題の中心としての存在感を放っています。ジャニーズの問題では、被害を受けた当事者の告発を正面から受け止め、共に検証し、大きな変化の起点を作り出したのです。

パブリックアクセスとオープンジャーナリズム

デジタル時代のニュースメディアを語る上で「パブリックアクセス」といった公共性、「オープンジャーナリズム」という新たなジャーナリズムの概念はキーワードとして押さえておきたい言葉です。

パブリックアクセスとは、「国家が有する資源は国民であれば誰でも使うことができる」という権利で、電波はまさに国が管理するものであるから、国民は当然電波を自由に使う権利があるという考え方です。公共財としての電波を使用する権利は、アクセス権、人権のひとつだというのです。

日本ではあまり馴染みのない言葉かも知れませんが、欧米諸国や韓国、台湾などでは、放送法などによって保障された市民の権利としてすでに1970年代から80年代に導入され、各国の民主主義を下支えしてきました。

NHK放送文化研究所の米倉律《よねくらりつ》さんの研究によると、アメリカでは公民権運動などを機に、あらゆる人種が放送を使って情報発信できるよう制度が整えられ、ケーブルテレビ局や各州にある公共放送などが受け皿となったといいます。

行政からの補助金や市民の寄付などによって、地元の中学生による野球大会の映像から市民グループが取材をしたドキュメンタリー映像まで、全米で1000を超えるパブリックアクセス局が運営されていると言われ、幅広いジャンルの番組が常に放送波にのって各地域に届けられてきました。

イギリスの公共放送ＢＢＣは市民制作によるテレビ番組の専用の枠を作り、カメラマンやディレクターを取材に同行させるなど教育的プログラムも用意し、市民発信の底上げに力をいれてきた歴史もあります。

また、韓国の公共放送ＫＢＳは、弁護士や専門家などの有識者で構成される運営協議会なる組織を設け、市民発信の企画を事前に審査するなどしてパブリックアクセスを試みました。

１９７９年、軍事政権が倒れ、その後、民主政権が誕生したのを機に放送法が改正され、新たに始まった取り組みでした。先進国を中心に民主主義国家では電波の利用は市民の当然の権利として扱われており、マスメディアの視点とは異なる切り口のニュース発信や社会問題に直面した当事者による情報発信の場として機能するなど、パブリックアクセスがその国に多様な言論空間を創り出す一翼を担うと考えられてきたのです。

デジタル時代には、電波だけではなくインターネットを利用した発信を含めた、より広義な意味でのパブリックアクセスが求められ、市民のアクセス権を保障する「公共メディア」への発展がより大切になりました。

加えて、世界のメディア環境に視点を広げてみると、各国では新聞やテレビなどのマスメディアでの報道制作の現場に、インターネットなどを通じた市民からの発信を取り入れるオープンジャーナリズムを開拓しようと模索する動きが盛んに行われています。

オープンジャーナリズムとは、ＳＮＳなどの発達にともなって議論されるようになった概念で、従来、編集権を主張し特定の職業メディア人たちによって行われてきた取材、執筆、撮影、編集作業に、一般の非メディア人が制作者のひとりとして関わる取り組みを指します。

その代表例と呼べるのが、２０１２年に始まったイギリスの大手新聞社「ガーディアン」の取り組みです。

同紙は「次代の報道にオープンジャーナリズムの実践は不可欠だ」として、インターネットを駆使した市民参加型の新しい報道のスタイルを模索してきました。

「ジャーナリストは世界で唯一の専門家ではない」と語る編集長の言葉と共に、市民と共に検証した記事の掲載を進めました。

当時、注目されたのは「The Guardian's open newslist」という試みです。ここではガーディアンの編集部が、その日のニュースオーダーを決めていく様子をリアルタイムで公開。どんな記事を準備し、誰が取材をしているのか、これまでブラックボックスだったニユースセンターの心臓部に、誰でもアクセスできる環境を作りました。

ＳＮＳの発達で、マスを構成する市民自身による情報の相互検証が可能になったことを受けての新たな試みです。インターネット上でやり取りされる情報の真偽をＳＮＳの参加者同士が互いに検証し合うことで情報の確度を保つことができるという仮説に基づく意欲的な試みでした。

科学者や法律家などをはじめ、固有の能力を持つ市民が広く取材活動に参加することで、より迅速に専門的な報道を行えるという特徴があり、現在のＯＳＩＮＴ（公開情報をもとにした事実の検証）につながります。

当時のガーディアンのアラン・ラスブリジャー編集長は、インターネットの利用が常態化した現在のジャーナリズムは、大量生産で新聞を発行し、上意下達で情報を受け手に届けた「19世紀型のジャーナリズム」とは一線を画すと語り、「ジャーナリストは専門家ではない、世界のさまざまな問題について、他者の意見を入れなければ物事の十分な説明はできなくなった。読者に対してオープンに、参加を奨励し、ネットワーク化を強めることで、真実により近づくことができる」と、ジャーナリズムそのもののあり方に更新が必要だと説明しました。

実際に、ガーディアンは翌年、2013年に世界中を驚かせたスクープを市民と共に発信します。アメリカとイギリスの諜報機関の活動内容を記したアメリカ国家安全保障局（NSA）の漏洩文書を公開したのです。

NSAが世界中のメール、通話、通信の記録を集め、秘密裏に監視していたことや、シリコンバレーの民間企業がそれに協力していたことなど、人権や国家主権を超えた諜報活動を政府などが行ってきた実態を告発したのです。情報元はNSAの情報管理者だったエドワード・スノーデン氏。彼はNSAから持ち出したディスクに保管されていた情報の発出先としてガーディアンを選んだのです。

9・11同時多発テロ後、アメリカ政府が「テロとの戦い」を掲げ、「アメリカを守る」という大義のもとにエスカレートさせていった活動の一部始終をガーディアンはスノーデン氏と共に世界に伝えました。

翌2014年、ガーディアンはピューリッツアー賞を受賞、市民との協業で国家の機密を暴く重要な役割を果たしたのです。

市民ジャーナリズム「8bitNews」の立ち上げ

パブリックアクセスの実現と、オープンジャーナリズムの実践をいかに日本のメディアに浸透させていくのか。ヨーロッパでの模索が始まったちょうどその頃、NHK職員だった私も模索を続けていました。2011年3月11日、東日本大震災での報道現場で味わった限界に歯軋りをしていた時期です。

震災発生当時、特に原発事故の報道では、「パニックを引き起こさないよう慎重な安全運転を」という号令のもと、慎重な報道が続けられていました。しかし、未曽有の原子力災害。アクセス困難な原発の状況。刻々と変化し悪化する原子炉の実態。中身が一体どうなっているのかの分析は、政府の発表や大学教授などの限られた専門家の判断に委ねられました。「メルトダウン」という言葉は使わず、炉心溶融で統一」などと、スタジオで使う文言ひとつひとつも政府や電力会社の発表文に沿う形で、きわめてデリケートに扱われました。

その結果、どうしても安全を強調する方向に聞こえる慎重な解説が続き、事態を過小評価しているのではないかという多くの視聴者の不信を招くこととなりました。実際、私のもとにもかつて取材をした東京電力の協力会社で働く社員から「事態は報道されている内容よりも深刻だ」という連絡が入っていましたが、実際の放送に活かすことはできませんでした。「100%裏が取れないものは流せない」。正確性こそが報道の使命であり、混乱する環境下での取材は困難をきわめていました。申し訳なくもあり、悔しくもあり、伝えられないというもどかしさは今でも忘れられません。とりわけ放射性物質の拡散に関する情報は慎重になりました。

2014年12月15日、米カリフォルニア大学ロサンゼルス校の研究チームと共に福島第一原発を訪ねた。防護服なしで移動できる区画が増えていった

そんな難しい状況の中で、NHK Eテレの ETV特集取材班は、事故直後から専門家と共に警戒区域内に入り、独自の取材で高濃度の放射能に汚染された地域が広がっている事実を突き止め、「ネットワークでつくる放射能汚染地図〜福島原発事故から2ヵ月〜」という番組を作成し高い評価

を受けました。

しかし、放送は5月15日。この時点で、すでに事故から2ヵ月が経っており、「もっと早く教えてもらえれば被曝を避けられた」という声を、何人もの福島県の方々から聞きました。

後日、東京電力がインターネットで公開した、震災直後から数日間のテレビ会議中継の様子を検証すると、格納容器の圧力上昇を抑えるためのベントによって高濃度の放射性物質が相馬郡にまで拡散する予測が即座に公表されなかったり、原子炉そのものの閉じ込め機能が損なわれている可能性が高いという分析結果が政府の指示のもと公表されなかったりと、情報発信のあり方に大きな課題を残したのが東日本大震災・原発事故報道でした。

慎重過ぎるフィルタリングのためにかえって不信を招いたテレビの硬直性と、玉石混交ながら現場からの1次情報発信も含まれていたネットとの乖離。その大きな溝を痛感する中で、私の中には、むしろ緊急時にも放送局の方針とは独立したかたちで別角度の検証や多様性のある発信を可能にする場を設けることができないか、という思いが芽生えていったのです。

立場や見解の異なる専門家による指摘や、1次情報を持った個人による情報発信などが

2018年9月19日、北海道胆振東部地震の取材に同行して、堀の取材の様子を写真家の幡野さんが撮影してくれた。 撮影／幡野広志

柔軟に行える番組やメディアを、この震災の経験から作っていくべきなのではないだろうか、と。そこで筆者は、友人の批評家・宇《う》野《の》常《つね》寛《ひろ》氏やSNSを通じて出会った仲間との議論の中で、ひとつの試験的なプロジェクトを着想しました。誰もが自ら撮影した動画を投稿できる、市民投稿型の映像ニュースサイト「8bitNews」の立ち上げです。

政治、社会、国際、アートなど、それぞれのテーマに沿って撮影者本人が動画をアップロードし、現場の詳しい説明やレポートを文字にして添えることができる開かれたメディアのプラットフォームを目指しました。

ただし、それだけではなく、発信を望む人々に対して、私のような職業メディア人たちが、取材方法や撮影、編集の技術を投稿者と共有し、アドバイスをしながら一緒にニュース動画を作っていく、そんな協業型の新しい報道メディアのかたちを作り上げていきました。

それまでにも市民メディアの確立を掲げた投稿型ニュースサイト等の試みはあるにはありましたが、本格的に職業メディア人と市民が協業して取材を行うサイトは日本には見当たりませんでした。

デジタル技術を活用したメディアの登場は、15世紀のグーテンベルクの活版印刷の発明以来の変革だという手応えを感じていました。活版印刷によって書物が流通し、やがて新聞が登場。ニュースメディアを媒介に情報を共有した個人と個人がつながりあって、そして革命を起こしました。

清教徒革命、アメリカ独立戦争、フランス革命と、メディアを通じた市民の連帯が時の権力を打ち破る力を生み出していったのです。そうした運動の先に自由や民主といった現代につながる価値が誕生しました。

一方で、個人が手に入れたはずの発信力は減退していきます。19世紀後半以降、広告の拡大により、メディアが商業主義的な媒体として急激に肥大し、それ自体が一般の立ち入ることが困難な権力へと変化していってしまったのです。

また、戦争の世紀に入ると誕生したばかりの放送は国力の発展や戦争遂行のための国家事業として、管理された中での発展を遂げて行きました。市民のメディアへの参加には大きな壁があり、やがて「情報の受け手」としての市民に堕ちて行きました。発信の機会は選抜された一部のコミュニティの専売特許のように囲われてしまったといっても過言ではありません。そうした視点に立つと、20世紀のメディアは、歴史の後退が起こったと考えられます。

パブリックアクセスやオープンジャーナリズムといった参加型、協業型のニュースメディアの実現は、国家主義や過剰な商業主義の台頭で奪われた「知らせる権利」を人々に取り戻す、新たな民主運動と重なるものだと認識しています。そうした意味において、８ｂｉｔＮｅｗｓの試みは「ニュースルーム革命」だという自負で運営を続けてきました。

市民記者が原子力災害の隠ぺいを暴いた

東京電力福島第一原発の事故から13年が経過した、２０２４年3月11日。福島県双葉《ふたば》郡双葉町を訪ねました。

真っ青な空と溶け合うように広がる水平線。海は静かに、穏やかでした。時折、強く吹く冷たい風をさえぎる建物は少なく、更地になった土地が目の前に広がっています。新たな技術開発や企業誘致のための産業団地の整備が始まり、ところどころに近代的なビルや工場などが視界に入り、人々の息吹を微かに感じさせてくれます。

原発事故の日、行くあてもわからず強制的に避難を強いられた約7000人の住民の皆さんの暮らしは、それから長い長い月日の間、翻弄され続けてきました。2022年8月30日に、帰還困難区域の避難指示が一部解除され、故郷への帰還がようやく、少しずつ、始まっています。

かつて4380人が住んでいたJR常磐《じょうばん》線の双葉駅周辺は「特定復興再生拠点区域」として除染やインフラ整備が重点的に行われ、帰還者や移住者のための専用住宅の建設が進められてきました。単身世帯からファミリー向けまで、デザインの効いた木造の家々はエントランス部分の天井も高く、外光がよく入る明るい空間になっていました。

2024年12月時点の町内の居住人口はおよそ170人。事故前の2%ほどの人口ですが、それでもあの廃墟のように変わり果てた街をよくここまで蘇らせたなと、努力を重ねてこられた方々への敬意を抱かざるを得ませんでした。事故さえなければ、という思いも同時に去来します。穏やかで自然豊かなこの土地にこれほどまでの負担を背負わせなくてもよかったはずだと、小さく拳を握り直しもしました。林の向こう側に見える、第一原発の排気塔の姿には、やはり憤りも込み上げてきます。

私が立ち上げた市民ニュースサイト8bitNewsには、サイト開設直後から、双葉町からの避難者の方々の声が度々投稿されていました。震災発生から1年余りが経った2012年、東京霞《かすみ》が関《せき》の経済産業省前。避難者の女性がマイクを握って、行き交う人々にこう訴えていました。双葉町の亀屋幸子さんです。

「(2011年3月)12日の朝、6時10分ごろ、サイレンが鳴って、放射能が漏れたから10キロ逃げてくださいって。そのまま着の身着のまま逃げたんです。その後、国からも東電からもなんの指示もないんですよ。私たちは太平洋側だから山へ逃げたの、山の方に。後で聞いたら、放射能の強い方、強い方へ逃げたんですよね。なんでそういうことをちゃんと私たちに報告してくれなかったんでしょうか。こんなことありますか? 私たちのように辛い思いをすることが、この国で2度とないようにしたいんです」

なぜ、事故は防げなかったのか、そして、なぜ知らされないことがこれほどまで多いのか、避難者の方々が真相を究明するため全国各地で、国や東京電力を訴える訴訟を起こす事態に発展していきます。しかし当初、国や東京電力は「天災であり防げなかった」という主張を繰り返すばかりでした。

そして、原発の廃炉作業も課題が山積でした。廃炉作業員の過重労働や放射能汚染の現状。汚染水を貯めるタンクからの水の漏えいや予断を許さない溶けた燃料の再臨界への懸念。福島第一原発の内部で何が起きているのか真相を知りたい、疑心暗鬼や不信感を払拭してほしいと、私の元へもさまざまな声が届きました。

そうした中、２０１２年５月。私はひとりの男性と福島県で出会います。林哲哉さん。当時40歳。長野県で内装や建設関係の仕事を続けた後、自動車関連の会社で営業マンとして働いていましたが、原発作業員として福島第一原発で働くことを決めたばかりでした。

林さんは「テレビや新聞を見ていても、現場の実態がよくわからないんです。福島第一原発で、いったい何が起きているのか。もはや、自分で確かめにいくしかないと思いました」と語ります。

原発事故から1年が経っても、なかなか進まない被災者への補償。総理大臣が冷温停止状態と宣言しながらもトラブルが絶えない原発の収束作業。事故後の政府や東京電力の対応は、自分が会社の中で働く日常の中で感じてきたジレンマや違和感に通じるものがあったといいます。

誰の目線で仕事をしているのか？　被災した人たちの立場に立った政策がとられているのか？　情報公開も徹底されず、自分たち一般人は、原発事故の収束作業がどの程度まで進んでいるのかも正確なところがよくわからない。廃炉の現場を目指す理由を教えてくれました。

当時、私は、8bitNewsの立ち上げ準備の最中でした。従来の放送局の枠組みでは伝えられない報道のジレンマを解消するため、アメリカへの留学を決意。渡米までの2ヵ月間で休暇を取得し、すべての時間を新たなメディアの立ち上げに費やしていました。

それまでSNSでやりとりを続けてきた全国の人たちと直接会って、新たなメディアに参加をしてくれる仲間を増やすため、オフ会と称したイベントを東京、大阪、福島で開いて回っていました。

中でも、福島県には、特別な思いを抱いてきました。震災や原発事故が起きるちょうど2週間前に、地元の一次産業に携わる人々と地元の東邦銀行が一緒になって農産物のブランド化を進める取り組みを取材し、そのルポを番組で放送したばかりでした。

そのときの話題は、TPP（環太平洋パートナーシップ協定）への日本の参加の是非。当時、アメリカが推し進めていた自由貿易協定の枠組みに参加すれば、安い農産物が日本に流入し、農家が壊滅的な打撃を受ける。そんな未来を恐れて農協を中心にさまざまな地域から「反対」の声が上がっていました。

しかし、そうした中、逆に海外に打って出るチャンスだと新たな戦略を描き、行動を始めたのが福島県の一次産業だったのです。

実は、福島県は「関東の食料基地」などと呼ばれるほど、安価で多様な農産物を安定的に関東地方に供給し続けてきた場所です。ただし、安価なのは理由がありました。大手流通のバイヤーが、秋田や山形など他の農業生産地に比べるとブランド力が弱いなどと理由をつけて安く買い上げていく構図があったというのです。

こうしたことを背景に、銀行マンが農業経営アドバイザーの資格を取って、福島県下の農家をコンサルし、付加価値の高い農産物を栽培して、東京や大阪の有名レストランや高級ホテルに積極的に売り込むという取り組みを始めました。

その取材で、私も福島県の各地を訪ねました。農薬を抑え、丁寧に栽培されたホワイトアスパラガスやホウレンソウなどの野菜、磐梯山《ばんだいさん》から流れる澄んだ甘い水を使って作られる米や地酒など、農家を一軒一軒まわり、生産者が自信と誇りを持って「堀さん、これは、最高だろう！」と説明し、食べさせてくれたのです。

しかし原発事故で、状況は一変。自分が取材をして交流を深めた農家の人たちが事故による実害や風評被害に苦しんでいました。不条理な出来事に悔しさが込み上げ、そうした思いが新たなメディア発信への動機にもつながり、福島から復興に取り組む地域の方々の発信を支えることに、意義を見出していました。

林さんはまさに発信の機会を探し、私のSNSを日々、見てくれていた方でした。会社を辞め、ネットの求人サイトで見つけた原発作業員の募集に思いきって応募することにしました。高い放射線に身をさらされたら、いったいどうなってしまうのか。そのとき、家族からは心配され、自分自身も正直なところ恐怖を感じているというのが率直な気持ちだといいます。

しかし、それでも作業員として内部の様子を直にこの目で確認して、情報を求める一般の多くの人たちに伝えたいという思いが強くなっていきました。そんな折にSNSを通じて、わざわざ会いに来てくれたといいます。

「たしか堀さんは、一般の人が発信するのを支援するプロジェクトを進めていると投稿していましたよね？　その中で、自分が作業員として見てきたことを発信できないでしょうか？」

林さんはまっすぐ私の目を見てそう語りました。とてもありがたい申し出でした。そこから、林さんが福島第一原発に向かうまでの期間、取材のノウハウを身につけるトレーニングや必要な機材の使い方をレクチャーする時間を設けました。

「今、生まれた子どもたちが、将来大人になり、20年、30年後も原発事故の収束作業に駆り出されているかもしれません。未来の子どものためにも、作業員の労働環境が少しでも改善されるよう、内部の実態を明らかにしていきたいです」

林さんは、こうした私との時間を経て、その1週間後、東京電力福島第一原発の作業員として、浜通りに向かいました。その取材の成果はその後、全国放送のニュースで報道されるほどのスクープにつながっていきます。

明らかにした杜撰な作業管理と多重下請けの弊害

「堀さん、ちょっとおかしなことが起きてるんですが、話を聞いてもらえますか？」

林さんからSNSを通じて連絡があったのは、6月下旬でした。作業員として福島第一原発に向かってから2ヵ月ほどが経過していました。

冒頭のメッセージに加え、1枚の写真が添えられていました。それは履歴書の写真でした。職歴欄にいくつか社名が書かれていました。

「これ、読めます？　自分の履歴書ですが、働いたこともない会社の名前を書けと言われ書かされました」と林さんからのメッセージが続きます。私は「どういうことですか？」と返信し、時間を合わせ、オンラインのビデオ通話で詳細を聞きました。

当時、林さんは原発作業員の拠点になっていた福島県いわき市、堀は留学先のロサンゼルスにいました。あまり回線の状況が良くなく、途切れ途切れになりながらも、ひとつひとつ説明を聞きました。

そこでわかったのは、雇い主が、林さんたちのような応募者に嘘の職歴を書かせ、原発作業経験者と偽って、元請けなどに送り込んでいるという杜撰な雇用の実態でした。

そもそも、林さんがネットを通じて申し込んだ相手は、事故対応を行なう会社の下請けの下請けのような個人事業主でした。林さんと同じように全国から応募した人たちがいわき市内の安い温泉宿に集められたといいます。出身は、九州、四国、関西など幅広い地域からでした。中には、10代の若者たちも2、3人含まれていたといいます。応募者の多くが、原発で働いたことのない初心者ばかりでした。

林さんたちの仕事は、雇い主に連れられて、元請けといわれる発注元の事業所で説明を受けるところから始まりました。雇い主から「失礼のないように」とたびたび念を押され、さらに別の事業者の事務所に連れて行かれたといいます。元請けの担当者からの挨拶や説明が行われた後、ようやく雇用契約を結ぶことになりました。

その際、下請け企業の担当者から封筒の中に入った書類を渡されました。中身を確認すると、自分の名前や生年月日がすでに記入されており、さらに職歴欄には見知らぬ企業の名前が書き込まれていました。

担当者から「この見本の通りに履歴書を書いて元請けに提出してほしい」と指示されたといいます。写真で送られてきた履歴書は、まさに最初に渡された経歴詐称を行うための見本の紙でした。その偽の履歴書は、林さんだけではなく、他の十数名にも同じように手渡されました。

一瞬、別の応募者たちと顔を見合わせ「これは不正ではないか」という空気が広がりましたが、林さんによると、誰も異を唱えなかったといいます。原発での労働経験のない素人に嘘の経歴で下駄をはかせて、原発に送り込んでいるという実態。林さんの送ってきてくれた資料はそれを裏付ける証拠と証言でした。

「最初の雇い主と、その後に訪ねた事務所の企業名などはわかりますか?」と訪ねると、林さんが企業名をメモにまとめて送ってきてくれました。林さんがネットを見て申し込んだ求人の主は、東京電力を頂点にした多重下請け構造の6番目に位置していました。その上には、小規模から中規模までの元請け企業の名前が連なっていました。

林さんがのちに確認したところ、その中には、これまで原発構内での作業にかかわってこなかった土建業者なども含まれており、原発事故以降、仕事を失い、自分たちの従業員の生活のためにもなんとか除染や原発の収束作業の仕事を引っぱってきて食いつないでいるということもわかりました。

「他にもいろいろおかしなことがあるんです」と、林さんからの連絡は続きました。

当初、説明を受けた仕事の内容は現場作業員の後方支援でした。機材の受け渡しや、運搬、管理の仕事です。しかし、元請けの説明会に参加すると、原発構内で高濃度の放射性物質に汚染された水が漏れだしている場所に、放射線量を抑えるためのゴムマットを敷く作業だと説明されました。毎分1ミリシーベルトを超える高線量作業現場で、酸素ボンベを2本背負うことになるという内容でした。

嘘の履歴書で送り込まれた作業員たち。研修の機会もほとんどなく、経験の無い中で過酷な業務に従事することになったのです。毎分1ミリシーベルトを受ける作業に従事すると、少なく見積もっても、3日も働けば当時設定されていた年間被曝の上限の50ミリシーベルトを超えてしまいます。

林さんは首をかしげました。雇用の契約は1年間。その上限では、たちまち働けなくなってしまいます。「おかしくないか?」と周囲に話を向けてみるものの、同僚の作業員たちは、そもそも放射線量の基準や法律で定められている上限値なども知らず、あまりピンときていなかったといいます。

林さんは、元請けへ派遣している雇い主に直接「高線量の作業になるとは聞いていなかった。1年も働けないのではないか?」と、疑問をぶつけましたが、その返答は驚くべきものでした。

「身体に浴びた線量は8日経てば半減し、やがて消えてなくなります。蓄積はしません。蓄積していったら、僕らだって働けないじゃないですか」

これは完全に誤った説明です。SNSで発信すれば、直ちにデマだと指摘を受けるくらい稚拙な説明でした。放射性物質の核種の中で、確かにヨウ素131の半減期は8日間です。しかしそれは、作業員が浴び続けた放射線による身体への影響とはまったく別の話です。放射線を浴び続けることで、受ける身体的ダメージが8日で半減し、やがて消えてしまうということではありません。

　被曝に関する知識を持たない作業員たちに、嘘の説明で働かせ続けようとする杜撰な労働実態を林さんがつかんでいたのです。そして、林さんは、それらのやりとりをすべて、映像や音声で記録していました。

「SDカード5枚分くらいになりますが、資料も保管してあります。自分が見聞きした実態を、実名で8bitNewsで発信させてください」と申し出てくれました。とても重たい、内部告発です。

　林さんは、多重下請けの中で起きるさまざまな問題、10代の若者たちが満足な研修も受けられないまま高い放射線の現場で働かされていること、また劣悪な環境が放置されれば将来の廃炉作業員の確保もままならないことなど、広く社会に訴えたいと、思いを聞かせてくれました。

　それまでメディアで報道される作業員からの内部告発はほぼ匿名で行われていたこともあり、林さんは、顔と名前を出すことに意味があると、決意も伝えてくれました。

　しかし、実名での発信には、いろいろな圧力が加わります。林さんを守りながら発信するためには私の力だけでは不十分だと思い、以前より取材を通じて親交のあった、非正規労働者などの労働組合・派遣ユニオンの関根秀一郎《せきねしゅういちろう》さんに支援を求めることにしました。組合、弁護士、そしてマスメディア、さまざまな守りと監視の体制を事前に準備しながら、告発を進めていきました。

オンラインでのインタビューから、およそ2週間後。福島県から私のいるロサンゼルスにSDカードが届きました。「線量が8日で半分になり消えてなくなる」という担当者の説明や、毎分1ミリシーベルトという高線量の現場での作業についての説明会の様子などが記録されていました。

そこにいた、18歳、19歳の3人組は、関西から仕事を求め、たまたま見つけた求人広告でいわきまでやってきたといいます。バイト感覚でやってきて、知識や技術もないまま現場に投入されていたのです。

収束作業の司令塔になっている免震棟内部の映像もありました。作業員目線で記録された映像はとても生々しいものでした。当事者だからこそ記録できる実態です。白い防護服に身を包んだ作業員たちが図面を囲み、作業手順の確認などを行っていました。

そんな中、林さんが、元請けの社員である現場の責任者に詰め寄っている様子も記録されていました。

「10代の若者が満足な研修も受けられないまま、だまされるようにして高線量の現場に送り込まれようとしていますが、なぜこうした状況を放置しているのですか？」と、マスク越しのこもった声でしたが、林さんの語気に力が入っているのがわかります。責任者は「業務の内容は説明して発注している」という説明を繰り返していました。林さんは、さらにこう質問を重ねます。「自分の子どもも同じような状況で原発に送り込めますか？」。責任者は「たしかに自分の子どもだったら行かせられない」と視線を落としました。

　これらの映像は8bitNewsで編集した後、林さんのインタビューを加えて、YouTubeを使って発信されました。テレビや新聞、雑誌など各社からの取材依頼が林さんに寄せられ、報道ステーションの当時のキャスター古舘《ふるたち》伊《い》知郎《ちろう》さんが「林さんに会いたい」と直接インタビューをして、大きく取り扱ってくれたことにも感激しました。

　映像が投稿されてからおよそ3ヵ月後の12月、東京電力は下請け企業全社に対して、現場の実態調査をかねたアンケートを実施。林さんへのヒアリングも行い、多重構造の中で起きるさまざまな課題、賃金や労働環境の実態把握につとめたいと説明し、関連企業に改善をうながしました。

私は、一連の告発を翌年12月、ドキュメンタリー映画『変身―Metamorphosis』の中核シーンに盛り込み、劇場公開をして回りました。ラストシーンに盛り込んだ、林さんの言葉です。

「実際に現場を見て状況がよくわかりました。作業員を都合良く使い捨てするように働かせていたら、誰も現場で働かなくなります。原発の収束作業は40年も50年もかかるという印象を受けました。今、生まれた子どもたちが次の世代にわたって、この作業を引き継がなくてはならないんです。今、働く労働者の環境を整えておかなければ、1ワットも生み出さない原発のために負の連鎖が続くだけなのです」。

ひとりの市民の告発が、社会を動かした瞬間でした。林さんがこだわった丁寧な事実の収集と映像の力でもあります。

第4章　デジタル時代の災害から学ぶべきこと

「ライオンが放たれた」。熊本地震とデマ

２０１６年４月14日午後９時26分。巨大な地震が熊本県熊本地方を襲いました。マグニチュード６・５、最大震度７。あちらこちらで被災したビルや建物から人々は避難を強いられました。益城町《ましきまち》では火災が発生。停電による暗闇。地震により使えなくなった消火栓。過酷な環境下で地元の消防や消防団が懸命に延焼を食い止めました。

しかし、その後も強い揺れは続き、４月16日午前１時25分に同地域を震源とするマグニチュード７・３、最大震度７の地震が再び発生。熊本城の石垣は崩れ落ち、阿蘇《あそ》大橋《おおはし》は落ちました。死者２７７名、重傷者１２０３名、軽傷者１６０６名の人的被害をもたらしました。

全壊家屋は約８０００棟、半壊や一部損壊をあわせると約22万棟という甚大な被害が人々を苦しめました。発生から５日間での有感地震は２０００回。地震の揺れに怯え、何日も車の中で生活を続けざるを得ない人もいました。

16日の本震発生直後に私も熊本に入りましたが、強い雨が降り出し、その後の土砂災害でさらに被害が拡大するなど、被災地取材の中でも忘れられない惨状が目の前に広がっていました。

そうした中、4月14日午後9時52分、次の文面と共に、Twitterに投稿されたある1枚の写真が新たな被害をもたらします。

「おいふざけんな、地震のせいでうちの近くの動物園からライオン放たれたんだが　熊本」

人影のない夜の街中。商店やビルが立ち並ぶ交差点の真ん中で、1匹のライオンが悠然と歩いている写真でした。地震の混乱の中で投稿された不穏な情報。投稿は瞬く間に拡散され、1時間で2万を超えてリツイートされました。

「ライオンが逃げたのは本当か？」「屋外に避難をしたいけどライオンがいるなら避難できない」

ライオンやアムールトラなど猛獣を飼育する熊本市動植物園ではほどなくして問い合わせの電話が鳴り止まなくなり、職員は対応に追われました。

現場であの日、何が起きていたのか。私は当時対応にあたった職員の方から証言を得るため動植物園を訪ねました。

「とんでもないことをしてくれた」。そう当時の心境を振り返るのは、熊本市動植物園の獣医師、松本充史《あつし》さんです。

園は地震による液状化の影響で地面が波打ち、あちらこちらに地割れが走っていました。地震発生時、松本さんは園内の飼育センターで生後2週間のミミナガヤギに哺乳瓶でミルクをあげていました。未熟児で生まれた「フェリックス」はようやく自力で立ち上がるようになったばかり。小さな体は人工保育で大切に育てられてきました。

ミルクをゴクゴクと飲み込む様子を見守っていると、携帯電話がけたたましく鳴りました。緊急地震速報。強い揺れへの警戒。その直後、身がすくむほどの激震が襲います。松本さんは必死にフェリックスを抱きしめました。経験したことのない揺れ。

「動物たちは大丈夫か」。松本さんは小さなヤギを抱えたまま事務所に走って戻りました。懐中電灯を握り不安な様子で集まってきた職員たちと共にまずはライオンや虎のいる猛獣舎、そしてクマ舎と順に確認に回りました。

猛獣舎は1969年の移転当時のままで園内で最も古い施設のひとつ。分厚い鉄筋コンクリートで覆われ指の太さほどの鉄柵が張りめぐらされているものの、不安は先行しました。「逃げてはいないはず」。懐中電灯で寝室となっている猛獣舎の奥に光を送ると反応が返ってきました。

落ち着かない様子でいたものの、ライオンやヒョウなど5匹の猛獣たちは皆、無事でし

2016年5月28日、熊本地震の取材で訪ねた南阿蘇村。土砂崩れを起こし、阿蘇大橋も崩落。全壊する家屋は後を絶たなかった。 撮影／堀潤

た。「よかった」という安堵も束の間、松本さんの携帯電話にメールが届きます。知人からの「ライオンが逃げたのか？」という連絡でした。Twitterで出回っていた写真が添えられていましたが、松本さんは「そんなことないよ」と軽い気持ちで返信したといいます。

異変はその後でした。事務所の電話は取材や問い合わせの連絡で鳴り止まなくなりました。事務所に残っていた職員は2時間以上電話を取り続け「ライオンは逃げていません」と説明を繰り返します。

「地震で避難をしたいのに、ライオンが怖くて逃げられないです」。切迫した声色で電話をかけてくる人が何人もいました。松本さんも近隣の住民の皆さんからの電話の内容で改めて事態の深刻さ

に気がつきます。

「ライオンは逃げていません」と一刻も早く周知したかったといいますが、地震による影響でHPのサーバーはダウン。復旧は早くても翌日。TwitterやInstagramなどのSNSは園として運用していませんでした。職員の個人アカウントで「動物園のライオンや動物は逃げていません　デマにご注意を」と発信し拡散を試みましたが、焼け石に水でした。

熊本市に連絡を入れ対応を協議。明け方が迫る時間でも、園には「ライオンが逃げたのか？」という電話が鳴り続けたといいます。

地元紙の熊本日日新聞は16日朝刊で情報を否定する記事を掲載。その後、ようやくデマによる混乱は収束します。熊本県警は地震発生の3ヵ月後、7月20日に神奈川県に住む20歳の男を偽計業務妨害の疑いで逮捕。

警察の発表によると、男は「みんなを驚かせようと悪ふざけでやった」と供述しました。災害時にデマを流し、この容疑で逮捕されるのは全国で初めてのことでした。

デマの現場で何が傷つけられたのか

一連の出来事を動植物園の現場はどう感じていたのか。松本さんは、憤りの前に寂しさを感じ、それと共に、住民の皆さんの誤解を解いて安心させることができなかったという自責の念を抱いたといいます。

堀　あの事件で、園や松本さん、職員の皆さん、動物たちが一番受けた被害はなんだったと思われますか？

松本　そうですね、やはり被害は精神的なものが一番大きかったんじゃないかと思います。なぜそんなことが起きたのか……ただただ寂しさしか残らないんです。最初は、怒りがこみ上げてきました。なぜ、避難して困っている人たちがたくさんいるこの状況で、そういう行動を取るのかと。その人たちのことを考えずに、どうしてそんなことができるのかと憤りを感じる時もありました。

ただ、後になって振り返ってみると、人間の寂しさや弱さを感じることが多くて……それが被害と言えるのかどうかは、正直わからないんです。無力感を感じたこともありました。動物たちのことを守ろうとしながら、当時のデマを打ち消すことができず、不安にさせてしまった人がたくさんいたという無力感です。

動物園で働いていれば、動物や来園者を守る、災害からも守るということができると思っていましたが、その時はそれができなかった。もっと広い視点で物事を考え、行動しなければならないんだと実感させられました。被害というより、悲しさが残っています。その後の日本各地の災害を見ても、同様のことが起きていたと聞くたびに、ただただ悲しい。そんなことをしないと生きていけない人たちの気持ちを考えると、寂しさを感じます。

デマによる偽計業務妨害で初めての逮捕となった20歳の男は、翌2017年3月22日に熊本地検によって不起訴処分になりました。残念なことに、災害時に出回るデマの問題は今も尽きることがありません。生成ＡＩなどが使われることで対処の仕方はさらに複雑になっています。松本さんはこの顚末《てんまつ》をどう見ているのか。

堀　最終的にはその男性が特定され、警察で取り調べを受けましたね。結果として不起訴になったかと思いますが、その過程をどのような思いで見ていましたか？

松本　そうですね。本当にこのようなことが繰り返されるのを防ぐためには、警察にしっかり動いてもらうことが大事だと思って捜査には協力しました。

正直なところ、捕まった方がいいだろうという気持ちはありました。うちの職員も同じように感じていたと思います。

ただ、実際に相手の男性が20歳くらいの若い人で、特に悪気があったわけではなく、親御さんも一緒に謝罪に来られたのを見た時には、少し複雑な気持ちになりましたね。警察からも「どう対応しますか？」と聞かれましたが、私はその時、判断を下す立場ではありませんでした。それもあって、最終的に不起訴になったのだと思います。

親御さんの立場で考えると、同じような年齢の子どもがいる自分としても、反省させたいという気持ちは理解できます。男性はこの出来事から何かを学んだかもしれませんが、一方でこの問題が完全に解決したというわけではありません。罰を受けたとしても、今回のようなデマがなくなるかというと、それはわかりません。なんとも言えない気持ちになりましたね。

堀　松本さんから見た彼自身と、事件の重大さとのギャップに困惑しますよね。

松本　本当にそうですね。SNSで思いついたことをすぐに投稿してしまい、それによって何かが変わったり、注目されるかもしれないという感覚は危険だと思います。インターネットやSNSが普及して、簡単にメッセージを送れるようになった今、昔のように手紙を書いて送る前に何度も見直すということがなくなりました。

自分が発する言葉や情報が、もしかしたら大きな影響を与えてしまうかもしれないという感覚が、非常に薄れているように思います。情報伝達の手段が進化して、多くの人が情報を発信できるようになったという良い面もありますが、発信する先に相手がいることを考えて一歩踏みとどまることが少なくなってきているとも感じます。相手の気持ちを想像しないまま、軽率に発言や行動をしてしまうということですね。

ネット上では、普段なら口に出さないような誹謗中傷を簡単に言えてしまう。匿名で顔が見えないからなんでも許されるという風潮が広がっているのが、今のインターネットの問題点だと思います。僕自身、インターネットやSNSの便利さは感じていますが、それでも発信することの責任感は持っているべきだと思いますね。

「マスコミが人々の（メディアリテラシーの）形成に関与していくべきです」

取材の終盤、松本さんは報道機関に対する思いも吐露してくれました。

松本　本当に難しい問題だと思いますが、真実を伝えることは非常に重要です。多くの人に知ってもらうという意味で、報道は大きな役割を果たしています。だからこそ、報道にはそうした観点から真実をしっかり伝えてほしいと願っています。

しかし現実は、どこを見ても似たり寄ったりの内容で、視聴者の関心が薄いものはほとんど取り上げられません。たとえば、動物園の取材でも、視覚的に映えるものや、人々が喜ぶ明るい内容だけがニュースになります。

ですが、実際には絶滅の危機に瀕している動物たちを守るための地道な取り組みもたくさん行われていますが、そういった話題は地味なのかあまり報道されません。「世間の風潮」や「いいねがつくもの」ばかりにマスコミも注目するのではなく、人々が生きていく上で本当に重要な指針となるような報道をしてほしいものです。

けれど、どうしても視聴率が優先されてしまうのでしょうね。残念だなと思ったのは、パリオリンピックはあんなに盛り上がったのに、パラリンピックはほとんど報道されなかったことです。オリンピックで金メダルを取った選手はメディアに多く登場するのに、パラリンピックでメダルを取った選手はほとんど取り上げられませんでした。

マスコミには大きな影響力があります。だからこそ、人が生きていく上で大切なことを伝えるような報道をもっとしてほしいですね。デマを信じない、デマを流さない人が増えるような番組を作ってほしいと思います。
ただ、「デマは駄目ですよ」というだけでは足りないでしょう。人間はこう生きるべきだという指針を示し、マスコミが人々の（メディアリテラシーの）形成に関与していくべきです。そうすれば、ネット上で他人を傷つけるような言動も減るのではないかと期待しますが、まだまだ遠い道のりだと感じています。

松本さんとの対話の中で、マスメディアの発信が責任なき拡散になってはいけないとあらためて実感させられました。松本さんが考える、人々の形成に関わる発信とは何か。最後に興味深い視点を示しながら、自身のこれからについてこう語りました。

松本　私たちは動物に関わっているわけですが、この地球上には膨大な数の生き物がいて、その中で人間もまた一緒なんです。人間は言葉を持ち、コミュニケーションを取ることができるようになりましたが、それは地球上で生き残るために必要だったからです。狩りをし、他の動物から身を守らなければならなかったから、協力する必要がありました。
私は、人間という種はそういった協力のもとで成り立ってきたと思います。そして、そうした協力を可能にする言葉や、相手を思いやる心、物を分け合う行為、食べ物を分かち合うことなど、その中で私たちが得てきたものが人間のすばらしい部分だと考えています。

文明が発達することはすばらしいことですが、それと同時に今、人間は最も大切だった部分を置き去りにしているようにも感じます。人間はこのまま地球上で生き続けられるのか、という不安が湧いてきます。動物たちを見ていると、なおさらそう感じますね。動物たちは、生きるために相手を殺して食べることもしますが、それは必要だからです。彼らは、無駄なことはしません。純粋です。ただ生きるために行動しています。

一方で、人間はさまざまな考えや行動が絡み合い、そうではない部分もある。そんな中で、人間として生きることの面白さや弱さ、つまらなさを感じることがあります。人間関係や日常の煩わしさに疲れてしまうことがありますが、そういう時には自然の中に身を置くと、動物たちがただ生きている様子にとても癒やされます。人間も本当はそうあるべきなのかもしれません。

そう考えると、自分はこれから何をすべきなのかと感じます。私は動物園で働いていますが、こうした生き物たちとのつながりを感じながら、自分自身を見つめ直すことが大切だと思います。動物たちとの関わりを通して、人間としての自分を再確認することができるのではないかと。また、動物たちから学びを得る場所としての動物園の存在はとても大切だと思います。

松本さんの言葉はデマや流言が拡散されやすい時代にメディアはどう立ち向かうべきなのか、新たな視座を示すものでした。デマを打ち消す事実を伝えることだけが、その対策のすべてではないことを教えてくれます。

データ化による災害対策

熊本地震の被災者の経験から新たな技術を使った次世代の災害対策が生まれたケースを紹介します。デジタルの技術を活用した「守り」の取り組みです。当時の被災者との出会いから振り返ります。

熊本地震から1ヵ月が経過した、2016年5月14日、熊本県西原《にしはら》村で避難生活を続けるある女性からメッセージが寄せられました。

はじめまして。

突然のメッセージ、お許しください。

私は、熊本県西原村河原《かわはら》に住む3児の母です。

夫と5人家族です。

1ヵ月前の地震で新築3年目の自宅を失いました。

私が住む住宅地は10世帯がいて、今回の断層上にあったので住宅地が大変な被害を受けました。

そして、住宅地の唯一の道路が崩落し、それに伴って家が傾き住めなくなりました。

写真をご覧いただきたいです。


メッセージと写真を送ってきてくれたのは西原村河原地区の団地、グリーンヒル河原の住民、川野まみさん。地震の激しい揺れで住宅が被災、生後4ヵ月の赤ちゃんを抱えながら家族5人で避難生活を続けていました。

西原村は益城町と同じく、震度7の揺れに襲われ熊本県内でも被害の大きい地域であるにもかかわらず、報道はより被害の大きかった益城町に集中し、西原村の現状はあまり伝えられていませんでした。

西原村では、村内の住宅の6割が全半壊の被害を受けたと見られ、700人近くが避難所で生活を続けていました。川野さんが暮らす団地には、16名の子どもを含む10世帯33名が住んでいましたが、地震で、団地につながる唯一の生活道路が約150メートルに渡って崩落。車での通行ができなくなってしまいました。

川野さんが送ってきてくれた写真はまさにその団地の様子でした。法面が大きく崩れた道路はその後の余震や風雨で侵食され地割れが拡大し、その影響で住宅地全体が徐々に傾いていました。宅地の地盤が崩壊側に横滑りしながら沈下が続いているというのです。

地震による被害を免れた健全な家屋も基礎にヒビが入り、傾きがひどくなっていました。大型車が通行できず、家の修復ができない状況が1ヵ月続いているという悲痛な訴えでした。この団地のすべての住宅が新築で、古くても6年、中には数ヵ月前に建てられたばかりの家もあります。

崩落した道路が手付かずのまま放置されているため、住宅地の傾きが日々増していました。待ったなしの状況です。にもかかわらず、行政からの支援はなく、川野さんたちはただただ状況が悪化していくのを見守るしかできませんでした。

なぜ行政は動かないのか。道路の修繕が遅れているのにはわけがありました。実は、崩落した生活道路は住宅購入時に宅地と込みでついてきた「私道」でした。自治体が管理する公道ではありません。そのため修繕にかかる費用は原則住宅購入者が負担しなくてはならない、というのが村役場の説明でした。

道路復旧にかかる費用を試算すると4000万円程かかることがわかりました。どの世帯も30年近くにわたる住宅ローンの支払いを始めたばかり。地震による建物への被害で今後多額の二重ローンを組まざるを得ない状況にも直面していました。

そうした中、道路復旧のために1世帯あたり400万円の新たな負担は非常に重たいものです。費用が工面できなければ修繕工事の発注も行えず、ただただ自宅が傷んでいく様子を見守るしかなかったのです。川野さんはこうした現状をなんとか打開したいと、切迫した思いで私に連絡をくれたのでした。

西原村の現状を伝えるため、団地を訪ねました。川野さんと共に出迎えてくれたのは、この地区の班長の西村和也さん（44）です。35歳で起業し、3D技術を大型構造物や橋の設計に活かすなど、構造物調査を専門に請け負う会社を経営してきました。

地震による被害で自宅の一部が損壊。法面の崩落で地盤にズレが生じ、修繕すれば住めるかもしれない自宅が徐々に傾いてきている状況でした。妊娠中の妻や幼い子どもたち、会社の従業員たちを守りながら、西村さんは団地のリーダーとして、余震や雨によって日に日に傾きが激しくなる住民たちの家をなんとか守ろうと、陳情書を提出するなど村への働きかけも続けてきました。

さまざまな働きかけにもかかわらず「私道なので各自で復旧させてください」と言われ、手詰まりの状況となっていました。地元の議員への働きかけや市民への発信を開始し、なんとか状況を打開したいと模索を続けていました。

ただ支援を乞うだけでは説得力がないと、西村さんは土地の測量など、自らデータ収集を続け、数週間で建物の土台部分が5センチほどずれているのを確認しました。そうした数字の記録を村に提出するなど、行政を動かすためにできることは何でもやろうとデータ収集にも力を入れていたのです。

しかし、努力の甲斐虚しく、その後も状況は変わらず、6月、熊本県を襲った大雨によって、状況はさらに深刻化します。現場を再び訪ねると、団地の私道につながる村道が土砂に覆われていました。迎えてくれた西村さんは、ため息をつきながら目の前の状況をこう説明してくれました。

「昨夜0時前、村道に沿った高さ5メートルの宅地塀が、降り続く大雨で崩壊し村道を塞いでしまいました。崩れた塀の上に住んでいる住民は、自主的に避難して無事でした。ちなみに、崩れた塀は4月の本震で歪み、傾いていました。住人も再三に渡り役所に連絡を入れ、役所の人間も見に来ていたのですが、修繕などはされないままでした。この地区に村からの避難勧告は出ていなかったので、住民は自主的に避難しました。2次被害を危惧し、夜中に役場へ連絡をすると、注意喚起としてのコーンを置いていくだけ。村の危機管理能力に疑問符がつきます」と憤りが伝わってきました。

一方、団地に向かうと西村さんの自宅の傾きや道路の崩落はさらに進んでいました。

「法面側の崩れていた土砂が大雨によって畑のある下側にかなり流されました。道路がさらに崩れると思います。あと、土砂が畑のほうに流れていますので、土留め（法面や段差の崩壊を防止するために設置される構造物）の圧力（横方向への抑え）が弱まり、宅地の土砂も横に流れやすくなると思います。地震のあとの2次災害は、やはり怖いですね。予算との戦いもありますが、対応を急いでいれば防げたであろう災害に遭うのはつらいです。この団地の被害の半分は人災ではないでしょうか」

西村さんはもう公助には期待できないとして、Ｙａｈｏｏ！ＪＡＰＡＮの支援を受けてクラウドファンディングを立ち上げることにしました。自らの団地だけではなく、同じく復旧への道のりが遠い、西原村の地元農家などを支援するための一般社団法人「まけんばい河原」を立ち上げ、地域が互いに協力し合う受け皿を作り、活動を開始しました。
私も、西村さんたちの現場や活動が少しでも多くの方々に届き、政治を動かし、一刻も早い前進に向けた取り組みにつながればと願って、共に発信を続けましたが、結果として、西村さんたちの住宅を守ることはできませんでした。
結局、傾きを止めることはできず自宅は全壊。団地では移住を迫られる家族が相次ぎました。西村さんは地震発生から数日が経った4月18日、リビングの壁にこんなメッセージを書き残していました。

「ピンチはチャンス　チャンスはピンチのあとに必ずやってくる!!」

西村さんは取材で会うたびに将来のことについて、あれこれを語って聞かせてくれました。震災の翌年に新たに赤ん坊が生まれ、西村さんは前を向き続けていました。会社の未来も背負っています。西村さんは、被災の体験をもとに新たな事業を計画しているというのです。

構造物調査の技術を災害への備えに役立てられないか。さまざまなアイデアを聞かせてくれました。しかし、災害はその後も相次ぎます。大阪北部地震、西日本豪雨、北海道胆振東部地震、各所で相次ぐ台風・大雨被害など、私も災害取材に追われ、しばらくお話を伺う機会が取れませんでした。

そんな中、2020年4月1日、SNSで西村さんからメッセージが届きました。

「堀さん、おはようございます！熊本にて被災し、堀さんにお話ししていたことが、ようやく形になってきました。今朝の京都新聞に掲載されました。堀さん、皆さんのご支援と応援のおかげです！あとは、チームワークですね^^皆さんのおかげでいただいた証だと思っています。まだまだまだ、これからですけれど。ありがとうございました！」

添付された画像は京都新聞のこの日の朝刊。小さな囲み記事が緑色のマーカーでしっかり縁取られていました。見出しは「ベンチャー3社 Aランクに認定」とあり、こう続きます。

「京都市と京都高度技術研究所は31日、独自性のある優れた事業プランを市ベンチャー目利き委員会が評価した『Aランク』企業に、新たに3社が認定されたと発表した。認定を受けた『KYOTO'S 3D STUDIO』(京都市左京区)は、3D計測技術で市内の社寺建築や仏像などの文化財をデータ化し、スマートフォン向けの体験学習型コンテンツとして2020年度中に提供する予定。訪日外国人向けに多言語で歴史や文化背景のストーリーを伝え、利用料の一部を施設に還元する事業モデルが評価された」

能登と熊本。SNSのつながりで生まれた復興

西村さんは、震災の翌々年、2018年に「KYOTO'S 3D STUDIO 株式会社」を設立。被熊本地震で被災した経験から、文化財のデジタルアーカイブ事業を構想していました。被災後なかなか再建が進まない阿蘇神社の問題に触れたのがきっかけでした。国指定の重要文化財で2000年以上の歴史を持つ古社。しかし、それがゆえに設計図がなく楼門や神殿の再建に手こずっていました。西村さんは、3D技術で構造物をスキャンし、デジタルアーカイブにしておけば、役に立つんじゃないかと考えました。

西村さんは「地域に貢献する仕事をやりたいんです。災害は一瞬でそれまで築いてきた

2016年12月21日、熊本県西原村で被災した西村和也さんと。暮らしも仕事も地域も再建に奮闘する中、いつも笑顔で迎えてくれた。 撮影／堀潤

ものを壊してしまいます。しかし、必ず再建が必要なんです。地域にとって失われてはいけないものを守る。そのための事業です。これは必ずやり遂げたいんで見ていてください」と語っていました。

西村さんは、被災後、一念発起し、熊本から京都に移住しました。国宝建造物の約７割は京都や奈良をはじめとする関西に集中しているからです。文化財と人材が集まる京都中心部で本格的に事業を開始しました。西村さんはこの事業に自らの人生を賭けます。

熊本地震の被災者生活再建支援金を事業につぎ込み、資金繰りに苦労しながら独自の３Ｄ技術の開発に取り組みます。

奮闘する西村さんの技術を評価し、試してくれたのが国宝・五重塔などで知られる世界文化遺産の醍醐寺《だいごじ》でした。

２０１８年９月の台風21号で土塀が崩れるなど被災していた醍醐寺。西村さんは国宝の三宝院唐門《さんぼういんからもん》などをスキャンし、壁の白塗りの色合いや質感、木造の屋根から苔のむす土台部分の石垣までを完全再現して３Ｄ化。上下左右どこからでも観覧ができるよう精巧なグラフィックを作り上げました。

醍醐寺の関係者からは感嘆の声が上がったといいます。その後、金戒光明寺《こんかいこうみょうじ》では運慶《うんけい》作とされる「文殊菩薩像《もんじゅぼさつぞう》」を３Ｄ化。西村さんたちの技術が評価され、事業は広がりを見せます。さまざまな文化財をデータ化し、デジタルアーカイブを活用した海外向けのメディア展開などもスタート。収益化し、文化財の財源不足を補う試みなども打ち出し、こうした姿勢が評価されたのが、前述した京都市などが選出する優れたベンチャー企業の認定だったのです。

この西村さんの物語は、２０２４年１月１日に発生した能登半島地震とつながります。

第１章でも登場していただきましたが、職人の８割が被災したと言われる輪島漆器の販売を手がける「岡垣漆器店」の岡垣祐吾さんは、被災し道具も作業場も失い、気力も奪われてしまいそうな職人の皆さんを鼓舞し、伝統技術を絶やさないために奮闘を続けてきました。

自らも被災しながら、単身ニューヨークに渡り、販路の拡大を目指したり、漆器や蒔絵の技術を使った新たな器の開発を続けていたりと復旧・復興に向けて全力を投じています。そんな岡垣さんは海外向けに漆の技術の高さを伝える発信の方法も模索していました。

岡垣さんが目指していたのは、数十ミクロンの厚さで塗り重ねられる漆塗りの多層的な美しさ。海外にその価値を伝えるためにはデジタル技術の活用は欠かせないと感じていました。しかし、そうした技術で自らのアイデアを形にしてくれる人のつながりが地元にはない。それが岡垣さんの悩みでした。

私は、岡垣さんのアイデアを聞き、すぐに西村さんのことを思い浮かべました。スキャンの技術があれば、あの漆の質感も完全再現できるかもしれない。

岡垣さんが震災の被害を免れ手元に大切に保管していた酒器を見せてくれた時に、あまりの美しさに涙があふれるほどでした。底面には貝殻や金粉を使った富士山や鬼の面の螺《ら》鈿《でん》や蒔絵が。そこに酒の代わりで水を注ぐと、それぞれの紋様が輝きと共に浮かび上がって立体的に光を放ち始めました。能登半島地震が起きるまであまり注目してこなかった輪島漆器の高い技術に、これまでの無知無関心を恥じました。

この驚きをデータ上の世界で再現できるのは西村さんたちしかいない、そう思って連絡を取ってみたところ「ありがとうございます！生きて存在していることが、人の役に立つのでしたら良かったです。伝統工芸を世界に伝えて、国内外の多くの人たちに伝えることのお役に立てれば、ぜひよろしくお願いします！」と、すぐに返事がありました。

岡垣さんと西村さんの交流がこれをきっかけに始まります。まずは岡垣さんから現場にいらっしゃってくださいという呼びかけをしました。「震災を経験されている方がいまの輪島をどうご覧になるのか、聞いてみたくもあります。どうぞご無理なさらず、キャンセルでも構いませんのでお気軽にご検討ください」

日本人は9000年前から漆を使用し、食器や工芸品、建築物などの塗料や接着剤として利用してきたといいます。漆が一度硬化した後は溶かす溶剤がないほど強い接着力があり、優れた耐熱性や耐酸性を発揮します。

漆を塗る木地は何年もかけて乾かし、その後の塗りの工程はさらに繊細なものです。工程ごとに技術を継承してきた職人たちが分業でひとつの器を完成させていきます。その繊細な手仕事の現場が、地震や水害で破壊されてしまったのです。西村さんは岡垣さんにこんな言葉で思いを伝えていました。

「いま目に映るものも事実ですけれど、現地に行かないと現地の方々のさまざまな想いには辿り着くのは難しいと思います。思いっ切り語り合いましょう。お心遣いに感謝しています。想いをカタチにしていきましょうね！」

災害を経験したそれぞれが重なり合い、助け合い、暮らしと文化を守りつないでいく。そんなあたたかな交流がＳＮＳからのつながりで生まれていったことは、ここに書き残しておきたいと思います。

西日本豪雨からの教訓。デマが生み出した疑心暗鬼

２０１８年7月6日から8日にかけて、岡山県や広島県など11府県に大雨の特別警報が発出されました。活発な梅雨前線の影響で豪雨が発生し、気象庁は「重大な危険が差し迫った異常事態」と最大級の警戒を呼びかけました。

48時間雨量は広島市や岐阜県高山市など１２４地点で観測史上最大を更新、死者２６３人、行方不明者８名、住宅損壊2万２２１８棟、浸水被害2万８５８２という「１００年に1回程度」と呼ばれる非常に大きな災害が発生しました。

この西日本豪雨災害でも、デマが問題となりました。Ｔｗｉｔｔｅｒ上では「レスキュー隊のような服を着た窃盗グループが被災地に入った」「大阪ナンバーのセレナやパジェロには気をつけるように」などの不確定な情報が多く投稿されました。

広島県警は７月９日、「『窃盗グループが被災地に入った』などの情報が拡散されていますが、警察ではそのような事実は把握していません」などの声明を発表、「デマ情報（フェイクニュース）の可能性が疑われる場合は、情報の発信元を確認しましょう」「不確定な情報をＳＮＳなどで拡散させないでください」と注意を呼びかけました。

窃盗団が入ったというデマはその後の復旧活動にも影響を与えました。県外からのボランティアの流入を警戒する動きが出たのです。地域によっては、ボランティアの応募は同じ市町村内の方々に限るというところもありました。

「あまり知らない地域の方々がたくさん来られても対応できない」「不安が広がっているからボランティアはいらない」。そんな声を現場で何人もの方から聞くことになってしまいました。ある現場のルポを紹介します。

「報道をしてほしい」という地元の方からの連絡を受け駆けつけた、岡山県中西部の山あいの町、高梁《たかはし》市。町の中心部を一級河川の高梁川が流れています。

2018年7月18日、西日本豪雨の被災地、広島県三原市を訪ねた。「伝えてください」という市民からの連絡がきっかけだった。 撮影／堀潤

岡山県によると、市内に設置された高梁川広瀬観測所では7月6日午後10時に8メートルに設定された氾濫危険水位を4・89メートル上回り、12・89メートルの水位を記録。その後、計測不能となり水が住宅地にあふれて洪水を引き起こしました。

高梁川の堤防のすぐそばに住む男性は「雨が激しく降りはじめてから1時間もしないうちに地面から1メートル位まで水が上がってきた。3時間しないうちに家の2階のほうまで。あっという間だった」と当時を振り返ります。男性が働いている運送会社では20台あったダンプカーのうち14台が水に浸かり使えなくなり

ました。生業をどう再建すればいいのか、先行きを見通すことができていませんでした。

下流域では高梁川水系の各河川が決壊。倉敷市真備町《まびちょう》をはじめ、矢掛町《やがけちょう》や総社市《そうじゃし》、岡山市などで浸水の被害をもたらしました。本流の水量が激増したために支流が合流できなくなるバックウォーター現象によるものだという専門家の指摘もありました。

　この豪雨災害で高梁市では、床上浸水１１４棟、床下浸水１９０棟などの被害が出ています。特に被害が深刻なＪＲ伯《はく》備《び》線・備中広瀬駅前は、高さ４メートルの泥水に襲われました。伯備線の復旧は８月１日でした。

　災害ボランティアセンターを運営する地元の社会福祉協議会は「多くの皆様のご協力により、家屋内からの土泥搬出、浸水した家財道具の搬出等が進んでいます。ご支援をありがとうございました」とアナウンスし、７月24日から開始するボランティアの受け入れは岡山県内在住の人に限るとしました。

　しかし、現場では新たな難敵に直面していました。それは「カビ」です。駅舎全体が水没した、ＪＲ伯備線の備中広瀬駅前の住宅街は３～４メートルを超える高さの泥水に襲われました。

　69歳の男性が暮らす木造住宅はようやく泥のかき出しや使えなくなった家具の運び出し

などが一段落したところでした。床下の泥などを早く洗い出し、生活再建につなげたいところですが、壁や柱、そして天井の梁などにびっしりとカビが生えはじめています。

男性は「高圧洗浄機などで洗い流していければと思うのですが、泥のかき出しなどが終わらない限りは手もつけられないので、どうしようかと思っています」と語り、壁を見つめていました。

高梁市役所では、地域局や市民センターなどの窓口で希望者に対して消毒液を配布していました。床や壁面の拭き取りの他、手洗いや冷蔵庫の中の消毒などに使えるといいます。浸水した箇所はしっかりと乾かしてから拭き取ってほしいと呼びかけていますが、住宅の室内全体を覆ってしまったカビを根絶できるかどうかは限界があるといいます。

担当職員は「住宅再建を目指す場合、カビへの対処は専門業者に相談してもらえたら」と語っていました。しかし、住民の皆さんの間では疑心暗鬼も深く、自宅にやってきた専門業者はひょっとしたら詐欺かもしれない、などのデマがその後の復旧活動のブレーキになってしまうケースも少なくなかったのです。

台湾外交官の自死とファクトチェック

さらに、そうしたデマが、実際に人を殺してしまったとみられるケースも翌年に発生しました。

２０１８年８月28日にマーシャル諸島近海で発生した台風21号は、日本の南を北西に進み、９月４日12時前に徳島県南部に上陸。１９９３年の台風13号以来、25年振りに非常に強い勢力で上陸した台風となりました。この台風による記録的な暴風などにより、死者14名、重傷者46名の人的被害のほか、近畿圏を中心に９万棟を超える家屋の被害が発生しました。

実は、この災害への対応にあたった台湾の外交官が同月、自ら命を絶ちました。誤った情報が拡散され、それが外交官を追い詰めた可能性があると台湾のメディアなどが報じています。

亡くなったのは、領事館に相当する、台北駐大阪経済文化弁事処の蘇《そ》啓誠《けいせい》代表（61）。当時、台風21号の影響で関西国際空港には４５０人以上の台湾人が取り残されたといいます。台湾人旅行客に対する支援が不十分だとして大阪弁事処には批判が相次いでいました。

きっかけはＳＮＳを通じて拡散されたある情報です。「中国の駐大阪総領事館が専用のバスを手配し、中国人観光客を優先的に救出した」という主旨のものでした。実際、私もこの内容を動画と共に伝えるSNSの投稿をリアルタイムで追っていました。

「果たして本当だろうか？」と静観したのを覚えています。中国総領事館による救出劇は、その後の検証でいわゆる「フェイクニュースだった」ということが明らかになります。バスは空港側が手配したものだったのです。

この事実が明らかになる前日に、蘇さんは命を絶ちました。蘇さんの遺族はNHKの取材に対し「ひとりの外交官の死を教訓に、ネットユーザーやマスコミ、政府や組織、それぞれが考えてくれることを切に願っています。もう二度と、罪のない人が犠牲にならないように」と語り、メディアに対してもこの事件の検証をしっかり行うよう切に願ったといいます。

当時、この誤った情報の拡散について検証した、台湾のファクトチェック機関「TFC」の取材や調査に協力した、日本のファクトチェック推進団体がありました。前年の6月に弁護士やジャーナリスト、研究者などが中心となって設立した「FIJ（ファクトチェック・イニシアティブ）」です。

米デューク大学公共政策学部でジャーナリズムのリサーチを行う「Duke Reporters'

Lab」では、世界のファクトチェック専門サイトのデータベースを作成し、随時更新しています。「Duke Reporters' Lab」によると、当時の専門サイトの数は１４９。２０１８年までの4年間で3倍以上に増えていました。

２０２４年現在の数字は４４２と急激に増加したことが伺えます。日本でのファクトチェックの取り組みは始まったばかりの頃でした。ＦＩＪが外交官の事案とどう向き合っているのかを取材しました。

当時、ＦＩＪの理事で事務局長を務めていた楊《やな》井《い》人《ひと》文《ふみ》さんは外交官が亡くなった事案について冷静な呼びかけをしていました。「本当に悲劇的なことだと思います。ただ、自殺の原因を『偽ニュース』のせいにしてしまうことも危険です。おそらく問題はそれほど単純ではないはずです。一番危険なのは『偽ニュース』そのものではなく、自ら『疑う』『考える』ことをやめてしまい、わかりやすい話や感情的になりやすいニュースに、簡単に飛びついてしまうことだと思います。メディアも『単純化』『センセーショナリズム』の誘惑に負けずに、ファクトチェックや検証報道を通じて、人々に冷静さを取り戻させる役割を担ってほしいと思います」

市民も参加しやすいファクトチェックの仕組みづくり

ＦＩＪ設立の目的は、「ファクトチェックの普及、啓発等に関する事業を行い、社会に誤った情報が拡がるのを防ぐ仕組みを作り、市民が事実と異なる情報に惑わされないような社会を構築すること」。

早稲田大学政治経済学術院教授で、ＦＩＪの理事長を務める瀬川至朗《しろう》さんは、ＦＩＪ設立に至った経緯やファクトチェックの意義をこう話します。

「フェイクニュース、真偽不明の情報がネットを通じて急速に拡散する時代になり、そういう不確かな情報に市民の健全な判断が左右される恐れがあるという時代になっていると言えると思います。一方で、既存のメディアに対する市民の信頼が失われつつあるというのも世界共通の課題だと思います。そういう中で、日本におけるファクトチェックを推進することが重要。ファクトチェックの意義は、誤報・虚報の拡散防止に貢献すること、ジャーナリズムの信頼性向上に貢献すること、言論の自由の基盤強化に貢献することです」

さらに、ファクトチェックに取り組みやすい環境づくりをどのように広げていくのか、という点も重要な要素だと語ります。

「日本でファクトチェックを行う組織、あるいは個人に情報面、技術面、資金面のサポートを行い、ファクトチェックの担い手（ファクトチェッカー）を増やし育てることが大きな役目。目標は、日本においてより多くのメディアや個人がファクトチェックに取り組めるネットワークの構築を目指すということです」と、瀬川さんは互いに助け合い検証を進める協働を呼びかけました。

そうした、ファクトチェックの協働・支援の仕組みが活きた最初の事例が、ＦＩＪの呼びかけにより行われた「２０１７年総選挙ファクトチェックプロジェクト」です。ファクトチェッカーとして参加した４つのメディア「Buzz Feed Japan」「Japan In-depth」「ニュースのタネ」「ＧｏＨｏｏ」に対し、ＦＩＪの「情報共有支援チーム」から対象候補や選挙にまつわる正確性に疑義のある情報を提供します。

「情報共有支援チーム」では一般市民の方々が情報収集を支え、４つのメディアは同じ情報を持って、それぞれの視点からファクトチェックを行いました。ファクトチェッカーが記事を作成するにあたっては、透明性や公開性を担保するなどのファクトチェックの国際標準的な原則を踏まえて、ガイドラインを作成。

２０１７年９月時点の暫定的なガイドラインとして、以下の５つ「対象言説を特定する、認定事実と結論の明示、判断根拠と情報源の明示、わかりやすく、誤解を与えない見出し、公開日・作成者・訂正情報の明示」を定めました。

結果、4つのメディアから合計22本の記事が発表されました。

総選挙だけでなく、普段からファクトチェッカーへの情報面でのサポートができるよう、FIJでは「Claim Monitor」という実験的なプロジェクトを始めました。これは、正確性に疑義がありファクトチェックが必要な情報を集約し、ファクトチェッカーに共有するためのプラットフォームです。取材当時、市民記者、地方公務員、国内外の大学生、フリージャーナリストなど、15名の多種多様なバックグラウンドを持ったメンバーが、仕事や勉学の合間を縫って参加していました。

彼らが行っているのは、疑わしい情報について指摘している投稿をチェックし、さらにそれがファクトチェックの必要な情報かどうかをふるいにかけ、必要だと判断したものを「端緒情報」として「Claim Monitor」で共有する作業です。

スタートからの約3ヵ月間で約250件の「端緒情報」が集まったといいます。対象となるのはメディアの報道、政治家の発言、有識者の主張など多岐に渡りますが、ファクトチェックすべきはその「意見」ではなく「事実」だと、楊井さんは話します。

「必ず気をつけていかなければならないのは、『事実』と『意見』をきちんと区別するということ。あくまでも我々が検証するのは、『意見』や『立場』が正しいかどうかではありません。『事実』が正確かどうか、きちんと客観的な根拠に基づいた言説なのかどうかということだけをチェックするのが、ファクトチェックの役割です」

しかし、「端緒情報」を見つけるこの作業が、最も労力を必要とする大変な作業だと楊井さんは言います。

「『偽or偽装or嘘偽り』などのキーワードで絞り込み、さらに何らかのURLも紐づけられている投稿をチェックします。しかし、本当にファクトチェックが必要な情報は、我々の経験では1000件に1件。まさに、藁の中から針を探すような作業です。また、毎日のようにやっていると、かなり疲れます。普通の精神状態ではできなくなります。ネットの情報を、キーワードである程度絞ってモニターしているとはいえ、相当汚い言葉で色々言っている投稿もあります。見ていて気持ちのいい情報は少ないですね。また、雑多な分野で常時いろんなニュースが入ってくるので、頭の中を整理するのも大変です。精神的に負荷のかかる作業だと言えると思いますね」

楊井さんは、市民も参加しやすいファクトチェックの仕組みづくりをFIJとして工夫していきたいと考えています。

「欧米、特にヨーロッパでは、元々ジャーナリストではない人がファクトチェックに取り組むということが増えていると聞いております。非常に多様なバックグラウンドの人がファクトチェックに参加しているというのを、2023年、ファクトチェックの国際会議に参加して感じました。FIJでも、市民の皆さんにもファクトチェックに参加していただけるような仕組みを作れないかと取り組んでおります。悪意のある人はいますけど、誤った情報の大半は、人間の勘違いや思い込みで生じているものが大きいと思います。今は誰でも発信できる時代ですから、誰でも間違った情報を発信してしまう可能性があるし、自分で誰かの間違った情報を広めてしまう可能性もある。自分事として当事者意識を持ってほしい。ファクトチェックをすることは、自分たちのスキルアップ、リテラシーを高めることにも役立つと思います。手の空いている人は少しでも参加して、時間のない人はファクトチェックをする人を応援する側として支援していただければと思います」

この取材の後、日本におけるファクトチェックは、啓発が進み、新たな団体が設立されるなど広がりを見せ始めています。一方で、総務省は「デジタル空間における情報流通の健全性確保の在り方に関する検討会」を立ち上げ、日本における偽情報・誤情報対策のとりまとめ案を公表しました。

しかしながら、ファクトチェック組織の独立性や新協議体に関する記述があいまいであり、ＦＩＪとしては政府主導のファクトチェック組織や新協議体の出現を許容しかねない内容になっていることを危惧すると見解を示しました。他箇所の記述も含めて「表現の自由」を侵害する懸念が生じると強く改善を政府に求めました。

国がここまでしてファクトチェックの体制強化に急ぎでテコ入れをしてきたのには理由があります。それは「第６の戦場、認知戦」への対処です。紛争や災害など社会が混乱と不安に陥っている時に、デマを流すことによってその国のさまざまな秩序を内側から崩壊させることができてしまうからです。

次の章で、今、世界中のあちらこちらで展開されている認知戦の実態について考えていきましょう。

第5章　生成ＡＩによる認知戦の時代

――あなたの無自覚が兵器になる

国家安全保障戦略のひとつに組み込まれた偽情報対策

２０２３年9月、私はウクライナ・ロシアの戦争関連取材のためルーマニアの首都ブカレストを訪ねていました。中心街から車でおよそ30分。現場は古い学生寮です。

ここはブカレスト市が国連機関ユニセフの支援を受け運営を続けている「テイ難民センター」となっており、ウクライナから避難してきた方々を受け入れている施設として活用されていました。この場所に避難し生活を続けているのは約１１０人。そのうち半数が幼い子どもで、大半が母子家庭です。

この日の夜も、ルーマニアとモルドバ国境の街ヤシではウクライナから国連機関のバスが到着。オデーサやミコライウなど空爆や地上戦が続く街からの避難者17名が到着しました。「やっと安全地帯に来ました」。安堵の表情で子どもを抱きしめるのは、イバーナさん(31)。深夜も旋回する無人機の飛行音がこの瞬間も耳から離れないといいます。夫は兵士として戦地に。空襲警報が鳴り響く中、子どもを連れての避難を決意しました。

到着した避難民はルーマニアの国境警備兵たちに守られながら、国連機関が準備したテントでＩＤの発行を受け健康相談など必要な支援を受けた後に、ブカレストなど各都市に準備された避難施設まで送り届けられます。

2022年2月、ロシア軍の本土侵攻により始まったロシア・ウクライナ戦争は長期化し、隣国ルーマニアへの避難民が絶えない状況です。ブカレスト市当局は、戦争開始以来、避難民の受け入れを積極的に続けてきました。虐待を受けた子どもたち、障がいのある子どもたち、ひとり親として何人もの子どもを育てている母親たちなど、戦時下で特に困難を強いられるウクライナ市民を隣国の行政機関として支えてきたのです。

ブカレスト市の避難民支援担当当局のコスミナ・シミアン局長は「第二次世界大戦中、私の家族は難民となり、祖母は枕ふたつと毛布1枚、そして4人の子どもを連れて避難することを余儀なくされました。私たちには不愉快な歴史があります」とルーマニア人の原体験を吐露。そして、「祖母がよく話してくれた4人の子どもと枕ふたつと毛布1枚で冬をどうやって暮らしたかという話は今でも心に残っていますし、私たちの組織で働いている同僚やルーマニアの人々の多くに同じような経験をした祖父母がいると思います。ルーマニア人が仕事の傍ら難民を助けようとしているのは、こうした個々人の経験を共有しているからだと思います」と難民への思いを明かしていました。

しかし、財政状況は厳しく、この避難所もいつまで運営を続けられるか見通しが立たないのが実情だと課題を語る一方で、危機感を強める事象に直面していると打ち明けてくれました。それがロシアによる「認知戦」です。

「TikTokなどSNSのショート動画に『暮らしが厳しいのは、ルーマニア（政府）が税金を使って積極的にウクライナ避難民の支援を続けているからだ』という投稿が頻繁に繰り返されており、ルーマニア市民の不満を煽り続けています。

また、テレビに出演する親ロシア派のコメンテーターたちが同様の視点でウクライナ避難民への支援を打ち切るよう訴える発言を繰り返しているのです。欧州議会選挙やルーマニア大統領選挙を控えていて、政治に対する国内世論に影響を与えようとするロシアの存在に危機感を抱いています」と警鐘を鳴らしていました。

認知戦とは、SNSなどを用いて、人々の心理など「認知領域」に働きかけ、相手の行動様式を変えることで世論の誘導などを狙う「情報戦」のひとつ。情報通信技術の発展に伴い、ロシアなどの軍事大国が重視してきました。陸海空、宇宙やサイバーに次ぐ「第6の戦場」と呼ばれ、国家の安全保障に関わる防衛課題になっています。

日本政府は2022年12月に岸田政権下で公表した「国家安全保障戦略」「国家防衛戦略」「防衛力整備計画」の中で、認知領域を含む情報戦への対応強化を明記しました。

国家安全保障戦略の中では「偽情報等の拡散を含め、認知領域における情報戦への対応能力を強化する。その観点から、外国による偽情報等に関する情報の集約・分析、対外発信の強化、政府外の機関との連携の強化等のための新たな体制を政府内に整備する」とし、「2027年度までに、ハイブリッド戦や認知領域を含む情報戦に対処可能な情報能力を整備」(国家防衛戦略)、「各国等の動向に関する情報を常時継続的に収集・分析することが可能となる人工知能(AI)を活用した公開情報の自動収集・分析機能の整備、各国等による情報発信の真偽を見極めるためのSNS上の情報等を自動収集する機能の整備、情勢見積りに関する将来予測機能の整備を行う」(防衛力整備計画)と明記しました。

防衛省の中でも、認知領域を含む情報戦への対処は陸海空の自衛官などが集まる統合組織「情報本部」が担います。公式サイトでは「情報本部は、我が国の情報機能の重要性と冷戦後の国際情勢の変化を踏まえ、平成9年に創設された防衛省の中央情報機関であり、我が国最大の情報機関です。

電波情報、画像情報、地理情報、公刊情報などを自ら収集・解析するとともに、防衛省内の各機関、関係省庁、在外公館などから提供される各種情報を集約・整理し、国際・軍事情勢等、我が国の安全保障に関わる動向分析を行うことを任務としており、カスタマーである内閣総理大臣や防衛大臣、国家安全保障局(NSS)、防衛省の内部部局等各機関や陸・海・空自衛隊の各部隊に対し、政策判断や部隊運用を行う上で必要となる情報成果（プロダクト）を適時適切に提供している」と説明しています。

今、日本はどのような情報戦、認知戦にさらされているのでしょうか。防衛省に取材を申し込むと、担当者は「情報戦の定義は大変広く、その対処は多岐に渡ります。日本の周辺環境として中国やロシアによる情報戦への対処という認識は持っています」と語り、あらためて書面で次のような回答がありました。

「国際社会においては、紛争が生起していない段階から、偽情報あるいは戦略的な情報発信等により、他国の世論・意思決定に影響を及ぼすとともに、自らの意思決定を防護することで、自らに有利な安全保障環境の構築を企図する情報戦に重点が置かれています。ロシアによるウクライナ侵略、２０２３年のイスラエル・パレスチナ武装勢力間の衝突、台湾総統選などでも指摘されているように、ＳＮＳやインフルエンサーなどを媒体とし、偽情報の流布や、対象政府の信頼低下や社会の分断を企図した情報の拡散等による情報戦の懸念が高まっています。ロシアや中国は国内外で情報戦を行い、自身にとって好ましい情報環境の構築を目指していると見られます。たとえば、中国は数十億ドルをかけ、他国メディアへ投資を通じたプロパガンダの促進や偽情報の拡散、検閲などを実施しているとの指摘があります。また、中露で連携してプロパガンダや偽情報の拡散を行うなど、日本、米国、台湾、欧州などの対象国の国民やグローバルサウスなどの第三国に対して都合の良いナラティブを拡散していることが指摘されています。偽情報の拡散等による情報戦は恒常的に生起するものとして、認知領域における情報戦への対応に万全を期す必要があると考えています」

回答の中にあったナラティブとは「物語」という意味です。特定の国家を名指しして、都合の良い作られた物語を流布していると警鐘を鳴らしていました。また、生成ＡＩをはじめとした新たな技術の登場が、こうした情報戦への対処をより複雑にしているとも指摘していました。

かつて私たちの国も認知領域への情報戦を遂行した

こうした情報戦は、災害や社会的不安を引き起こす事件など有事が発生したときなどに、さまざまな情報コミュニケーションの中に入り込んで、私たちの潜在意識に働きかけていきます。

特にそうした情報を受信し、さらにリレーのように発信し広げていくのは私たち個人です。SNSの時代、私たちは情報の被害者にもなり、加害者にもなりやすいという点が大変やっかいです。何を心がけておくべきなのでしょうか。その対処を考えるため、私たちの国が過去に経験した情報戦の歴史から考えてみることにします。

プロパガンダ戦が展開された第二次世界大戦。各国は映画、音楽、アニメ、広告、さまざまなメディアを総動員して、戦争遂行のための刷り込みを人々に行っていきました。600万人ものユダヤ人を虐殺したナチスドイツによるホロコースト。「一億玉砕」というスローガンで自国の国民にさえ自決をうながした大日本帝国。戦時下では国民の自由意志は国家により巧みに操られていきます。アメリカではウォルト・ディズニーがドナルドダックやグーフィーなど、代表的なキャラクターたちを主人公に多数のプロパガンダアニメ映画を制作。アドルフ・ヒトラーや東條英機など枢軸国側を風刺した『総統の顔』は、1942年の第15回アカデミー賞で短編アニメ賞に選ばれています。

国家はどのようにして、私たちの心の内側に侵入してくるのでしょうか？　今から25年前、大学生だった私はプロパガンダに強い関心を持っていました。卒業論文のテーマは「ナチスドイツと大日本帝国のプロパガンダ」。私がNHKを目指すきっかけにもなりました。なぜなら、ドイツは戦後、ナチスを生み出し、独裁の中で動員されていったメディアのあり方を徹底的に検証しました。しかし日本は、戦前と戦後、新聞社や放送局が変更を迫られることなく、事業を継続させていたことを知ったからです。

ナチスドイツと同盟関係にあった大日本帝国は、当時、ナチス政権下のドイツに創設された国民啓蒙宣伝省の初代大臣、ヨーゼフ・ゲッペルスの指揮の下、遂行された宣伝戦略を模倣し、大衆社会の世論を戦争遂行の空気に誘導していきます。

このときのキーワードは「大衆の国民化」です。ここで言う「国民」とは国家への帰属意識を持った人々を指します。ヒトラーが、1925年に刊行した著書『わが闘争』で「大衆の国民化」についてこう述べています。

> 大衆の国民化はけっして中途半端や、いわゆる客観的立場での弱々しい強調ぐらいでは起るものではなく、とにかく追求しようと思った目標に向かって容赦のない態度、熱狂的に一方的な態度をとることによって可能となるものである。（アドルフ・ヒトラー『わが闘争（上）』平野一郎・将積茂訳　角川文庫、1973）

大衆をそのまま放っておいても、国家を担う「国民」にはなりはしない。徹底的な刷り込みによって作り出すというのです。政権を担う以前から、ヒトラー自身が強い意志を持ってプロパガンダを国家戦略に組み込む必要性を感じていたことが伺えます。

当時ドイツは、第一次世界大戦後、総額1320億金マルク、現代の日本円に換算して約200兆円という多額の賠償金を背負わされ疲弊していました。敗戦の屈辱と賠償の負担はドイツ国民の精神を傷めつけ、その反発がナチス政権誕生につながります。

一方、日本では明治の富国強兵策以来、1894年の日清戦争、1904年の日露戦争、1914年の第一次世界大戦、1931年の満州事変と、戦争に次ぐ戦争の時代でした。アジアへの侵略を広げてきた欧米列強と伍していくための国づくりを進める大日本帝国にとっても、「大衆の国民化」が必須だったといえます。この時まさに、新たな大衆向け発信の装置、ラジオの創成期を迎えていました。

ゲッベルスは1933年にマスメディアを独占的に管轄する新しい省、国民啓蒙宣伝省の大臣に就任すると、ラジオ放送の監督権限を内務省から宣伝省に移管。それ以前から、旧体制のラジオ首脳陣を次々と解任し、自由主義的・民主主義的組織の解体を行い、新しい体制づくりを積極的に推し進めました。あらゆる指令や番組が宣伝省から直に国民に送られる放送網を整備したのです。ゲッベルスがベルリンの放送局に各地の放送会社のディレクターを招集して投げかけた言葉が当時の状況を物語っています。

われわれが一般の啓蒙という手段でおこなおうとしている精神的総動員は、ラジオの主要な課題の一つである。この目的のために新しい省が作られたが、そのプリンシプルはすでに四、五年前から出来上がっていたものである。精神の領域でのこの省は、武器の領域での国防省と同じである。
（中略）ラジオは国民をあらゆる公けの問題に参加させせなければならないというのが、私の意見である。ラジオは政府のために、まだ欠けている四八パーセントの力をかき集めなくてはならない。そしてわれわれがその四八パーセントを獲得したならば、ラジオは100パーセントを保持し、擁護し、われわれの時代の精神的内実を心の奥にしみ込ませなければならない。それによってラジオは、国民への本当の奉仕者となり、目的のための手段、しかも非常に高く理想的な目的のための手段、ドイツ国民を統一させるための手段となる。（平井正『20世紀の権力とメディア　ナチ・統制・プロパガンダ』雄山閣、1995）

ナチスが政権の座についた1933年初めの時点ではラジオの普及は400万台弱でし

たが、第二次世界大戦開戦の頃には4倍の1600万世帯にまで拡大しています。政府は聴取者数の大幅な増加を計るために、当時高価だったラジオを廉価に提供するため、シーメンスやAEGなど国内メーカーと共に受信機を開発し、販売しました。「国民受信機(Volks Empfanger)」と呼ばれ、1933年8月18日に最初のVE301型が発表されました。このラジオには、ナチスの象徴である鷲の口から電波が広がっていくデザインが施されています。301は、ヒトラーが政権を発足させた1933年1月30日に由来しています。BBCなど海外放送局の番組などは受信できず、短波放送の周波数帯も受信できない設計が徹底されていました。ナチスの放送しか聴かせないためです。

一方、日本におけるラジオ放送は1925年に始まり、翌年に設立された「日本放送協会」により全国放送が開始され、その幕を開けます。政府はラジオ放送を開始するにあたって「放送ハ偉大ナル拡播力、深刻ナル徹底力ヲ有スル事業ナルニ付」「国家ノ目的ニ接近シ政府ノ監督容易ナル組織ヲ有スルモノトナルコト」との方針を示し、ドイツのラジオが当初からそうであったように通信事業は国家の管理するものとなったのです。

1925年、大日本帝国では「治安維持法」が制定された年でもあります。導入された普通選挙によって社会運動が刺激され、社会主義や共産主義の勢力が拡大し国の体制が揺らいでいくことへの恐れから制定された法律です。しかし、その後、政治運動や平和主義者への弾圧など、その運用は拡大されていき、日本の言論が強く一定方向に縛られていくきっかけともなりました。戦時体制が強化されるに従い、この法律も、そしてラジオ放送も、より独裁色を強めていきます。

満州事変から２年半ほど経った１９３４年５月、政府は逓信《ていしん》省を通じて日本放送協会の組織の大改革を行います。ゲッペルスが行った中央集権型の放送体制が、大日本帝国下でも敷かれていきます。１９３６年７月に、内閣直属で発足した「情報委員会」が政府各省に分散していた情報宣伝活動を一本化。放送は、情報局の一元的支配を受け、「大本営発表」の垂れ流しへと堕落していくことになります。

こうした組織改変が行われるまで、夜７時に放送していた日本放送協会のニュースの情報源は、複数の新聞社や通信社でした。しかし、国策の通信社「同盟通信社」のスタートにともない一本化されます。

１９４２年１月１日「聴取者の皆様へ」と題する放送で、日本放送協会の小森七郎会長は次のように挨拶しています。

昨年十二月八日、我が国が遂に多年の宿敵、米英に対し戈《ほこ》を執って立つに及びまするや、我が放送事業も亦即時之に対応する新たなる体制をとるに至ったのであります。――番組内容は悉《ことごと》く戦争目的の達成に資するが如きもののみと致しました。――私共全国五千の職員はこの重大なる使命に感激しつつ、愈々以て職域奉公の誓を固くし、全職員一丸となって懸命の努力を致しておるのであります。（竹山昭子『戦争と放送 史料が語る戦時下情報操作とプロパガンダ』社会思想社、１９９４）

また、同協会の西本三十二《みとじ》教養部長は、「ラジオは今や総力戦に於ける重要なる国策機関となっている。その運営に当っては常に国家的立場に立脚し、――国家目的への奉仕に努力しなければならぬ」（前掲書）と述べるなど、放送局の職員は国家への奉仕、軍部や政府の報道機関としての役目を果たすという意識を持って、政府と一体となり世論の指導を行っていることを表明していました。

放送メディアは国家の宣伝機関として普及したのです。まさにプロパガンダの実行組織であり、権力の監視とは対極にある歴史があることを自覚しておかなくてはなりません。

そこから考えると、日本の放送メディアは「国家」という枠組みのもとに生まれ、発展を遂げたと言っても過言ではありません。当初から大衆の側に存在するのではなく、国家などの強い権力の側に存在し、成立したメディアです。

　だからこそ、ラジオを使ったプロパガンダは完遂され、多大なる影響を大衆に与えるものになり得ました。「国家」をその出発にしている以上、そもそも「放送」という概念の中には「権力の抑止」という考えはまったく存在していなかったと考えられます。

　一方、「報道写真」の分野は当時どうだったのか。皆さんは「報道写真」という概念が誕生したのがいつ頃のことかご存じでしょうか。それは、今からおよそ90年前、１９３０年代にさかのぼります。

　時は第二次世界大戦開戦の前夜。ドイツではヒトラーが首相に選出されナチス政権が誕生。国際連盟は、満州を占領した大日本帝国に対する満州撤退勧告案を決議します。これに抗議した松岡洋右《ようすけ》日本代表が連盟への決別を述べ退場、日本は国連を脱退しました。

　この年、ドイツのグラフ誌で活躍していた日本人写真家・名取洋之助《なとりようのすけ》は、ヒトラーの外国人ジャーナリスト規制によって、拠点を日本に移すべく模索を続けていました。日本では前年に、写真家の木村伊兵衛《いへえ》や写真評論家の伊奈信男《いなのぶお》らが参加する写真同人誌「光画」が創刊されていて、「芸術写真からの絶縁」が主張され、より社会性を帯びた新たな写真活動が提唱され始めた頃でした。

「光画」を見た名取は伊奈に「独逸で自分が携はつてゐる仕事のレポルタアゲ・フォト(Reportage-Foto)といふ言葉を示して、日本語に訳したらどんなものになるかと相談」し、「報道写真」という訳語が生まれたといいます。

名取や木村らは日本で初めてとなる報道写真を標榜する制作集団「日本工房」を設立、日本における報道写真家たちの活躍の起点となるのです。

しかし、時代は大戦前の混迷の時代。「報道写真」は日本の対外宣伝戦略の渦に飲み込まれ、写真家たちは国益のために動員されていきます。しかも、彼らのうちの一部は、強要されるのではなく、写真家としての使命を胸に、変化する日本の姿を自発的に世界に発信し始めるのです。

「僕たちは云はばカメラを持つた憂国の志士として起つのである。その報道写真家としての技能を国家へ奉仕せしめんとするのである」(土門拳「呆童漫語(三)」『フォトタイムス』1940年10月号)

1930年代初頭、日本は外貨獲得のための外国人誘致と日本理解推進を主要政策として掲げていました。のちに「幻」といわれた1940年の東京オリンピックの成功に向け、海外向けのグラフ誌が国の支援を受け活動を活発化させていきます。国威発揚のためにも外国人客の誘致が重要視されたのです。

名取らが創刊した「NIPPON」をはじめとした対外宣伝向けグラフ誌が国の支援を受け、工業面、文化面などで近代化に成功した日本の姿を、「報道写真」として鮮やかで斬新な構図で切り取り、世界に発信し続けました。アジアの植民地化を進める欧米列強に対して、主権を守り抜くという当時の日本政府の大方針が「報道写真」を対外宣伝戦略、動員のメディアへと導き、まさに情報戦の兵器として活用されていったのです。

日本の「報道写真」がどのような業を背負っているのか。当時の言葉が胸に深く突き刺さります。

「映画を宣伝戦の機関銃とするならば、写真は短刀よく人の心に直入する銃剣でもあり、何十何萬と印刷されて撒布される毒瓦斯《ガス》でもある」（内閣情報部『写真週報』2号、1938年）

「人の心に直入する」ための「報道」。認知戦の歴史はマスメディア誕生の歴史そのものであるということに、私たちは一定の警戒心を持ち続ける必要があるということを教えてくれます。

生成AI時代の台湾防衛戦線を取材

従来のメディアに加え、デジタル技術の進化によって、捏造された画像や映像などが簡単に作成される生成AI時代の対策とは何か。

令和6年版防衛白書によると、アメリカでは、「2023年9月に国家安全保障省がディープフェイクの脅威に関するアドバイザリを発表して注意喚起したほか、同年11月に国防省が『情報環境における作戦のための戦略2023』（SOIE：Strategy for Operations in the Information Environment）を策定し、国防長官府、統合参謀本部、各地域軍が、同一の目標のもと、一体となって対策を実施する必要性を明示」しました。

また、ヨーロッパではEUが「外国による情報操作と干渉」（FIMI：Foreign Information Manipulation and Interference）という概念を提唱し、対策に取り組んでいます。「外国による情報操作と干渉」とは、外国政府などによる自国の「価値観や手続き、政治プロセスに悪影響を及ぼす、あるいはその可能性のある一連の行動」を指す概念で、世界各国で危機感をもって捉えられています。

FIMIは、多くの場合、合法的に行われ、外国や非国家主体あるいはその影響を受けた集団により、意図的・計画的に、世論への影響工作、大統領選挙などの民主的なプロセスの混乱などを目的とするものが多いとされています。

防衛省は「このような情報操作は、私たち一人ひとりはもちろん、社会全体が自ら意思決定する機能を不全に陥らせるものであり、自由で開かれた情報に基づく民主主義社会への大きな脅威の一つとなっている」とし、デマなどの偽情報の拡散で、選挙をはじめとした民主的プロセスへの介入を試みる事案に対しての警鐘を鳴らしています。

そうした介入との攻防が続く現場のひとつが、台湾です。中国の習近平《しゅうきんぺい》国家主席は２０２４年9月30日、建国75年となる10月1日の国慶節を前に、北京市内の人民大会堂で演説。「台湾は中国の神聖な領土。祖国の完全統一の実現は時代の流れであり、大義がある」と強調し、あらためて台湾政府への圧力を国際社会に対して表明しました。

それに対して、台湾の頼清徳《らいせいとく》総統は、10月5日、中華民国の「建国記念日」に位置づけられる「双十節」のイベントで「中華人民共和国は10月1日に75歳の誕生日を迎えたばかりだが、数日後、中華民国は１１３歳の誕生日を迎える」と述べ、「年齢からいうと、中華人民共和国は中華民国の人々の祖国には絶対になり得ない」と強調し、台湾と中国は別だという考えを改めて示しました。

台湾と中国の関係はこの10年で緊張が高まる一方です。台湾に大きな変化を引き起こしたのは、２０１４年３月から始まった「ひまわり学生運動」です。当時、台湾の馬英九《ばえいきゅう》政権は親中派。そして、特に経済界は中国との貿易こそ台湾の発展につながると考え、馬英九政権は「サービス貿易協定」という自由貿易協定の制定を目論みます。

　しかし、これに待ったをかけたのが当時の学生たちで、彼らは台湾憲政史上初めて立法院（国会）を占拠します。その時、学生がひまわりを持っていたことから「ひまわり学生運動」と名づけられ、彼らは台湾の民主主義を守ろうと奮起。最終的には対話で解決する運びとなるものの一部の学生は立法院に残り続け、２０１４年４月10日に警察が強制排除。「ひまわり学生運動」は終焉を迎えました。

　学生たちはその時、何を思ったのか。当時、私は台湾でさまざまな声に触れて回りました。学生たちはこの運動を絶やさず、より多くの人たちの共感を得るために「アートを使って世界に伝えたい」と語り、「台湾で起きている民主化の波を止めたくない」と発信を続けていました。日本や香港の人たちに向けて「一緒に戦ってください」と呼びかけていた姿も忘れられません。

　この「ひまわり学生運動」は、その後の香港の「雨傘《あまがさ》運動」、２０１９年の香港民主化デモにつながっていきます。こうした動きがあるからこそ、中国共産党は民主化運動に対

2024年1月12日、台湾総統選挙の投開票日前の最終日。各候補の演説を取材。若者たちの姿が目立った。投票率は70%を超えた。 撮影／堀潤

しては非常に脅威を感じています。

台湾では、馬英九政権が倒れた後、民進党の蔡《さい》英文《えいぶん》政権が誕生し、台湾の主権をより鮮明に打ち出し、中国共産党に対する対抗姿勢が強まります。そして２０２４年の総統選挙は、対中政策強硬派が勝つのか、親中政権が誕生するのか、まさに台湾の未来を大きく左右する選挙として国内外からの注目を集めていました。

２０２４年１月13日午後４時、台湾では総統選挙や立法委員選挙の開票が始まり、私も現地でその様子を見守っていました。「ひとつの中国」を掲げ台湾への圧力を強める習近平国家主席率いる中国共産党政府との距離を大きな争点に、民進党、国民党、民衆党それぞれの候補が選挙戦を戦ってきました。

現地で有権者にマイクを向けると「戦争をしたくない」という声を数多く聞きました。その上で、中国と対峙しながら交渉の機会を探るのか、それとも中国との融和的なアプローチで両地域の安定を目指すのか、それとも台湾の独立を意識し中国と向き合うのか、意見はさまざまでした。

現地開票速報では、午後5時時点で与党民進党の頼清徳氏が40％近い得票率でやや優勢。最大野党国民党の侯友宜《こうゆうぎ》氏が34％あまり、民衆党の柯文哲《かぶんてつ》氏が共に27％あまりで、頼氏を追う展開でした。

今回の選挙戦を前に、台湾では、「フェイクニュース」などで民衆の投票行動に影響を与えようとする偽情報との攻防が続いてきました。いわゆる「認知戦」です。陸海空、サイバー、宇宙に次ぐ「第6の戦場」として人々の意識に働きかける戦争。まさに象徴的な発信が台湾で目立ちました。

普段は日本で働き、投票のために台湾に戻ったス・ズシェエンさん（29）は、これまでも度々、現政府に対する不安を掻き立てるようなフェイクニュースをSNS上で見かけ「気を抜いていると信じてしまいそうになった」と打ち明けてくれました。家族で作ったLINEのアカウントでは、両親からも「偽情報に惑わされないようにしましょう」とメッセージが送られてきたといいます。国の政治に偽情報を使って介入しようとする「認知戦」。台湾での防衛の最前線を取材しました。

台湾には、シビックハッカーと呼ばれる市民らが集まってフェイクニュースを速やかに見破り、警鐘を鳴らすファクトチェック機関「Ｃｏｆａｃｔｓ」があります。ＬＩＮＥなども活用し、市民から寄せられる「怪しい情報」をすぐにデータ解析し、偽情報だと見破ったフェイクニュースを広く公開して警鐘を鳴らしています。

メンバーの中には、台湾の民主運動「ひまわり学生運動」に参加した経験のある世代の若者たちが中核となって参加しています。私は、これまであまり公には語られてこなかったＣｏｆａｃｔｓの活動を取材したところ、一般には見破るのが難しい、フェイクニュース集団による驚くべき手口が語られました。

取材に応じてくれたのは、Ｃｏｆａｃｔｓの創設者である、エンジニアのジョンソンさんと、大学時代からの同級生で対外発信やリテラシー向上のワークショップも手がけるビリオンさんです。手元のスマートフォンで見せてくれた動画は、蔡英文氏に関するフェイクニュース。ＳＮＳで出回っているものでした。

実際のニュース映像をベースに「蔡英文氏はアメリカ政府に貢献するために、女性の軍人を増やすと発表した」と、男性コメンテーターが解説している動画でした。生成ＡＩによってセリフを吹き替え、その土地の訛りを再現した音声を簡単に作ることができるようになったといいます。

ビリオンさんによれば、選挙前にＣｏｆａｃｔｓに届く政治関連の情報は40％増加し全体の半分近くに達するといいます。ビリオンさんはその理由を、「フェイクニュースを発信する側もお金には限りがあるので、宣伝の効率化を図るために選挙直前にばら撒くということでしょう。悪意のある第三者にとって最も効果的です」と、Ｃｏｆａｃｔｓに寄せられる怪しい投稿の分析結果をもとに説明してくれました。

また、偽情報を拡散させるアカウントを確認すると、まとまった数のフォロワーがいることに気がつきました。ビリオンさんはその理由をこう説明します。

「普段は政治的な発信をするアカウントではないんです。子どもや若者たちが思わず見てみたくなるようなエンタメ情報や、ふと手を止めてしまうようなポルノ画像などを散りばめ発信することでフォロワーを増やしています。そうした下準備をした上で、選挙が近づくと一気に政治関連の偽情報の発信を開始し、人々の意識の中に自然と侵入しようとしてくるのです」

2023年5月13日、Cofactsのジョンソンさん（左）とビリオンさん。「私たち一人ひとりが戦場の最前線にいる」と危機感を語った。 撮影／堀潤

一方、ジョンソンさんが説明してくれた手口はさらに巧妙なものでした。「これを見てください」と言って、再生した動画は男性の自撮り映像です。映像を覗き込むと「詐欺集団の手口を明らかにします」というタイトルで、自らが被害を受けた振り込め詐欺の手口を訴える内容でした。

Ｃｏｆａｃｔｓが調査をすると、同じアングル、同じ内容の動画が選挙前に大量にＳＮＳ上にばら撒かれていることがわかりました。自撮り動画は、他にも病院のベッドの上で「暴漢に襲われた」と主張するものもありました。

詐欺や暴漢の被害にあったと主張する動画がなぜ政治的なのか、ジョンソンさんに理由を尋ねると、意外な回答が返ってきました。

「『今の政権に任せていたら台湾の治安が悪くな

る』と有権者に無意識に思わせる目的があるんです」と語ります。ジョンソンさんたちの調査によると、これらの動画は生成ＡＩの活用ではなく、まるで劇団のように、フェイク動画を専門に作る集団が関与しているようだと指摘していました。治安悪化のイメージを浸透させ有権者の不安や危機感を煽り、投票行動の変化を期待し、そこに介入する発信だというのです。まさに「外国による情報操作と干渉（ＦＩＭＩ）」の現場です。

ジョンソンさんは、学生の頃からプログラミングで市民の活動をサポートする取り組みを続けてきました。まさか、防犯を呼びかける動画が、有権者の行動に影響を与えているとは思いませんでした。なかなか見破りづらい内容です。どうすれば良いのか。

ビリオンさんは「フェイクニュースは内容よりも、タイミング、リズムを見ることが大切です」と語り、常時、モニタリングによる増減の波を見つけ出すことで、認知戦の端緒をつかむことができている、と明かしてくれました。そうした中でつかんだ情報は、台湾政府に共有され、さらなる対策に発展するものもあります。市民主体でありながら、適宜、政府との情報共有のパイプも作っておく事で、台湾が一体となって偽情報から市民を守る取り組みを強化してきたのです。

今、Ｃｏｆａｃｔｓでは、地域のお年寄りたちへのメディアリテラシー講座や、台湾が仕掛けられている認知戦の実態を世界に知らせるための発信に力を入れています。そもそもテレビを見る機会が多いお年寄りに対して、より多様な言論空間がインターネットの中にあることを伝え、フェイクニュースの実例や認知戦の実態などを知ってもらうことで少しでも情報を鵜呑みにしたり、拡散させる側にまわることがないよう、草の根的なワークショップを開いています。

また、海外から見たその国の政治状況が正確に伝わるよう発信を続けることも認知戦対策に該当するといいます。デマによってその国の国際的な評価が傷つけられることもあるからです。特に、諸外国のメディアが自国をどのように報道するのか、または諸外国の政治家たちが自国に対してどのような印象を抱いているのかなど、事実に基づく評価を促すこともその対策になるといいます。

「外圧」によって国民の不安に火がつき政権が弱体化することだってあるのです。だからこそ、世界に向けて「正確な台湾」を発信し、そうしたフェイクニュースによって世論に火をつけようとする動きを抑止することを目指しています。インタビューの最後に「おふたりは、防衛の最前線ですね」と問いかけると、ビリオンさんは世界へのメッセージとしてこんな想いを聞かせてくれました。

「最前線に立っているのは、私たちふたりだけではありません。私たちは、いわゆる独立系ジャーナリストのように、名乗りを上げてくれる人たちの力が必要だと信じています。真の民主主義の力とは『誰も部外者ではない』ということです。投票したから私の仕事は終わり、などということはありえないのです」

2024年は、インド、アメリカ、ロシア、ヨーロッパなど、世界60ヵ国・地域で約20億人の有権者が投票に参加する選挙イヤーでした。日本でも総選挙が行われました。「認知戦」の時代に、私たち有権者がどのように普段から情報と向き合うのかが問われています。私たちの自己決定権を絶対に奪われてはいけません。

デマが人の命を奪い、その国の支配につながっていくことへの対処

台湾で行われているような市民と政府の協働によるデマ対策は日本でも模索が始まっています。総務省が設置した「デジタル空間における情報流通の健全性確保の在り方に関する検討会」では、憲法学者やＩＴの専門家などが能登半島地震の際のＳＮＳ上の偽情報、誤情報などを挙げながら対策を議論してきました。

２０２４年７月に示された対策案では、プラットフォーム事業者に、ＳＮＳの投稿の削

除基準の策定や公表、チェックする人員の体制に関する情報の公表を求めると共に、「ファクトチェック機関」などと連携し、インターネット上の「偽・誤情報」の削除等の「コンテンツモデレーション」を促進する制度や、民産学官の協議会設置などを提言していました。

こうした案に対し、これまでファクトチェックを行ってきた団体やジャーナリストからは厳しい声が上がりました。「官製ファクトチェックは検閲につながりかねない」「日本の言論空間そのものに禍根を残す内容を含んでいる」などといった指摘が相次ぎました。

ファクトチェック推進団体「FIJ」は総務省が募集したパブリックコメントで、政府・公的機関からの独立を必須と明記し、義務化するよう求めていました。結果として、検討会ではパブリックコメントも考慮の上、「ファクトチェックを専門とする機関の独立性確保に留意」すると書かれていた元の案から、「政府・公的機関などからのファクトチェック組織の独立性が確保されるべきである」と修正されました。

まさに、日本での議論は始まったばかりです。私たちひとりひとりが、こうしたデマとどう向き合い行動すべきなのか、私はこの本の最終章を書き上げるために、ある人物に取材を申し込みました。黒咲くろんというハンドルネームで発信を続ける男性です。

男性は、2022年9月に静岡県を襲った台風15号に関連した豪雨災害の際、静岡県内で数多くの住宅が水没したとする偽の画像をSNSで拡散させた人物です。「ドローンで撮影された静岡県の水害。マジで悲惨すぎる…」とのコメントが添えられた偽の画像は、生成AIで作られたものでした。街全体が茶色く濁った泥水に飲み込まれている様子です。家やビルの屋根がかろうじて水面から出ているような写真もあり、深刻な被害が発生したと思わせる内容でした。

男性は投稿のインプレッション数が1000を超えた段階で、この画像が生成AIで作られた偽情報であることを投稿。謝罪もする一方で、このようなフェイク画像が簡単に作られ拡散されていく現状への警鐘を鳴らしたいとも語っていました。

この書籍の「はじめに」で書いたとおり、私はこの台風15号の現場を取材している最中でした。誤った情報によって、本当に水害で苦しんでいる人たちの心が傷つけられたことも知っています。一方で、この男性が行動し、そして語るように、誰もが簡単に生成AIによる発信ができてしまう時代でもあります。何が有効な対策となるのか。この男性との対話から考えました。

堀　まず、あの時の静岡の画像は、どういう理由で作って発信されたのですか？
くろん　はい。当時、静岡のニュースを見て、水害が起きていたことは知っていたんですが、実際の状況がどのようなものか、写真や映像があまり出回っていなかったんです。私自身も水害を経験したことがなくて、「水害ってどんなものだろう」という興味から、画像生成ＡＩを使って作ったのが始まりでした。
　いくつか投稿したうちの１枚が広まってしまったんですが、特に深い意図はなく、単に「情景を見てみたい」という好奇心から作ったものでした。
堀　なるほど。くろんさんは、それまでも生成ＡＩを使っていろいろな画像を作成していたんですか？
くろん　そうですね。その時は、ちょうど自分の中で流行っていて、この１週間くらいは、生成ＡＩで作った画像を投稿するのを楽しんでいました。
堀　実際には、どのような言葉を使って画像を生成していたんですか？
くろん　「水害」を表す英語の「flood damage」などの単語を使って生成しました。特に細かい単語は入れず、簡単な言葉で作っていました。
堀　投稿された画像をぱっと見た瞬間に山々の様子などが「すごく静岡の雰囲気に似てい

るな」と思ったんですけど、特に静岡の地域を指定して作ったわけではないんですね？

くろん　そうですね。地名を詳しく指定しても反映されないことがわかっていたので、「静岡」という単語だけを入力して作りました。

堀　なるほど。静岡という地名と英語表記での「水害」という単語だけで作成されたんですね。他に、画像の精度を高めるために使った単語はありましたか？

くろん　「最高傑作」という意味の「master piece」や、「非常に細かい」という意味の「insane detailed」なども使っていました。

堀　最初はあまり注目されなかったけれど、いくつか投稿を重ねた中で最終的にバズったんですよね？

くろん　そうですね。他の投稿はまったく見られなかったんですが、バズった投稿だけが大きく広まりました。

堀　バズった理由として何か要因があったと思いますか？

くろん　人が写っていなかったことと、文章に興味を引きやすい言葉を選んだことが影響したんだと思います。

堀　投稿を見た人は、災害の当事者が発信しているような印象を受けたのでしょうね？

くろん　そうですね。当事者かどうかはあいまいにしましたが、関係しているように見せる言葉を選びました。

堀　インプレッションが1000を超えた段階で、「これは偽物画像だ」と伝えなければならないという意識が芽生えたと聞きましたが、実際その時はどのような状況だったんですか？

くろん　そうですね、異常を感じました。普段とは違うなと。どんどん見られ始めて、急に注目を浴びるようになったので、驚いていました。

堀　その時、どんな心境だったんですか？

くろん　その時は、単純に「よく見られてるな」と思っていました。迷惑をかけているという自覚はまったくありませんでしたね。

堀　逆に、フェイク画像がどういう条件が揃えば多くの人に見られるようになるのかという視点で見ると、どう分析していますか？

くろん　まず、時事ネタに乗っかるのが基本です。それに加えて、画像の質よりも、数を多く投稿することでバズりやすくなるんじゃないかなと思います。

堀　時事ネタというのは、どういう意味ですか？

くろん　ニュースやＳＮＳで関心が高いものに関連した内容を投稿することです。それは、人々の関心を引きやすいので、事実に基づいた延長線上にあるような話だと見られやすいですね。

堀　なるほど。つまり、ある程度関心が高い話題に乗せることで、注目されるということですね。

くろん　そうですね。私が投稿したものはそこまで質が高いわけでもないのに広まったのにはそうした要素が影響していると思います。

堀　そうか、画像が精巧に作り込まれていなくても、広がっていくという実感があったんですね。

くろん　そうですね。見る側がぱっと見しか見ないことが大きいと思います。

堀　確かに、後でよく見ると雑な処理が残っているけど、最初に目に飛び込んでくると「水害だ」と反射的に思ってしまいますね。

くろん　はい。

堀　一方で、画像が広がるにつれて、今までとは違う異変を感じたとおっしゃっていましたが、その後、どのような心境や状況の変化がありましたか？

くろん氏が画像と共に投稿したTwitterのキャプチャー。筆者は現場を取材していたため画像に違和感を覚えたが、瞬時の判別はつきにくい

くろん　そうですね。最初に投稿が伸び始めた時、次に「生成ＡＩに詳しい人からの警告投稿」が回ってきました。それを見た時に「やっと気づいたか」という気持ちと同時に、「もしかして、気づきにくいのかな」という気持ちもありました。私は騙されないだろうと思って投稿していたので、本当に騙される人がいるんだなと驚きました。

堀　簡単に作ってばらまいたものがここまで真に受けられるなんて、見る側のリテラシーが低過ぎると感じましたか？

くろん　そう思いました。1分や数十秒で作った画像なので、「こんなものに騙されるのか」と驚きましたね。最初はなぜ投稿が伸びているのかわかりませんでしたが、「騙されている人がいるから広まっているんだな」と納得しました。

堀　その後、「これはデマです」と発信しましたよね。どうして伝えようと思ったのですか？

くろん　２０２２年9月26日の午前4時39分に画像を投稿して、その後質問がいくつか寄せられました。16時、つまり午後4時頃に、投稿が偽物であると回答しました。一度にすべての質問に答えたかったのですが、文字数が足りなかったので画像にしたんです。そして、その画像の下部に、騙された人を揶揄《やゆ》するような文言を入れたんです。それは画像を作った後に思いついたものでした。

堀　どうしてそのように、騙された人を揶揄する文言を入れたのですか？

くろん　画像を細部まで見ていないことを指摘したかったからです。ぱっと見ただけではわからないようにしたんです。

堀　なるほど。スクロールして最後まで見ないと騙されますよ、という皮肉なメッセージですね。

くろん　そうです。実際、投稿後も多くの人が先ほどの文言を見ないで受け入れていて、改めて「見てないな」と実感しました。

堀　くろんさんが警鐘を鳴らす側にいなければならないと感じたのは、どうしてですか？

くろん　特に大きな理由はありませんが、たまたま自分がデマを流した側だったので、その機会を使おうという気持ちでした。もし炎上しなければ、やっていなかったと思います。

堀　社会正義のために「騙される人を減らそう」と思ったのか、それとも「もっと世の中に緊張感を与えてやろう」と思ったのか、どちらの気持ちが強かったですか？

くろん　正義寄りな気持ちもありますが、自己保身のほうが大きかったですね。炎上して嫌われたので、少しでも良いことをして回復させようという気持ちでした。

堀　事態が進む中で、少しでも良い方向に持っていこうという心境ですね。

くろん　はい。何かしら「良いことをした」という実績が残った方が安心します。

堀　生成ＡＩによるディープフェイクが広がっている現状について、どのように感じていますか？

くろん　当然だと思います。クオリティの高いものを簡単に作れる技術は、多くの人が求めるものでしょうし、政治に利用されることもあるかもしれません。それを止める人はいないでしょうね。

堀　どうしてそう思いますか？

くろん　「できない人ができるようになる」というのは、大きな変化です。画像生成や映像制作の技術を持たない人でも使えるのは非常に大きいことです。静岡にいない人が静岡の情景を発信できるのは便利だと思います。

堀　戦争の新しい武器として生成ＡＩが使われることについて、どう考えていますか？

くろん　そうですね。対処は難しいと思います。結局、生成ＡＩで作られた画像も実際の映像も「データ」でしかありません。ランダムに生成したものが現実と一致することもありえるので、見破るのは非常に難しいですね。

堀　確かに、写真や映像はデータとして存在するもので、それを現場に行かずに「事実だ」と捉えることに危険性を感じますね。

くろん　はい。

堀　対処が難しい中で、くろんさんが提案する対策はありますか？

くろん　基本的なことですが、「よく見る」「よく調べる」ことですね。画像や映像の細部を確認することや、基礎的な情報を把握しておくことが重要です。たとえば、日本の水害と海外の水害の違いを知っていれば、騙されにくくなると思います。同じように、今後起こる出来事についても事前に知識を持っていれば、騙されるリスクは減るでしょう。

堀　どのくらいの深さで調べる必要があると思いますか？

くろん　素人が完璧に調べるのは難しいです。ですから、専門家に聞くことが大切だと思います。

堀　専門家の意見を聞いて判断する「待つ姿勢」が必要ということですね。

くろん　そうですね。緊急時にはすぐ判断する必要がありますが、冷静に待つことができる人はその姿勢を持つべきだと思います。

堀　報道機関についてはどう思いますか？

くろん　テレビに出る「専門家」も、所属がはっきりしない場合は、あまり鵜呑みにしない方がいいと思っています。僕も数学が好きで調べたりするのですが、メディアの報道で間違った情報を見つけたことがあります。それが不信感を強めています。

堀　きちんと調査されていない情報が報道されると、失望しますよね。

くろん　失望というより、笑っちゃいますね。笑っちゃう。

堀　静岡の水害に関する画像の一連の出来事を振り返ると、どう感じていますか？

くろん　私の視点から言うと、災害を知らずに悪ふざけをしてしまい、それが大衆の目に留まり、叱られたという感覚ですね。子どもが怒られたような気持ちです。

堀　それはどうしてですか？

くろん　自分がやったことが悪いことだという認識があるというのと、よく叩かれたので、それぐらいの気持ちでいます。

堀　究極的に、これから情報に関してどのような未来が始まると思いますか？

くろん　画像に関して言えば、精度はどんどん上がっていくでしょう。データとして見比べても実際の情景と差がわからないような画像が、いくらでも生成できるようになると思います。

堀　本来であれば、その検証をするのは報道機関の役割だと思いますが、実際にはその役割がうまく機能していないという現状がありますよね。ヨーロッパでは、くろんさんが指摘されたように、まず既存のマスメディアが専門性を高めなければならないという方針をEUが定めています。これから新聞社やテレビ局の役割は、専門性を向上させ、問題に対処するための努力が求められていますが、まだ日本ではそれが足りていない気がします。

くろん　そうですね。とはいえ、評価している点もあります。テレビ局や新聞の記者が実際に災害現場に行くというのは、普通の人にはなかなかできないことです。そうした報道活動には感謝しています。

堀　最後に質問ですが、こうした経験を経て、くろんさんができること、言えることとは何だと思いますか？

くろん　現状で言えば、生成ＡＩで悪いことをしたという事実が記録として残ることが、一番有効だと思っています。

堀　どうしてそう思うのですか？

くろん　私は専門家ではないので、卓越した知識で警鐘を鳴らすようなことはできません。これ以上、無理に目立つよりも、今のままで記録として残しておくことで、これ以上、悪影響を与えないようにした方が良いというのが私の考えです。

堀　なるほど。だから、Ｘのアカウントの最上部に投稿を固定して、事例として後世に残してほしいと思っているのですね。

くろん　はい。

堀　国は国家安全保障戦略や防衛力整備計画の中で、自衛隊の情報戦や認知戦への対策強化を盛り込んでいますが、国がやるべきことは何だと思いますか？

くろん　デマに対しては、反論や反証となる情報を逐一発信することが重要だと思います。

デマが流れること自体は避けられませんが、それをひとつひとつ徹底的に潰していくことが国のためになると思います。日頃から正しい情報を発信し、国の信頼を高めることが大切です。そのベースがあれば、反証も効果的になると考えています。

堀　現状はどうですか？

くろん　現状では半信半疑です。正しい情報だと思っても、自分で確認する術がないため、実際に現場で見ない限り確信は持てないという気持ちがあります。

堀　半信半疑とは具体的にどういう意味ですか？

くろん　まず、「政治の公約」があまり守られないことがあります。国を動かす機関としての信頼が少し欠けているのが「疑」の部分です。しかし一方で、警察や司法機関については信頼しています。犯罪者がきちんと逮捕され、刑罰を受けるという信頼があります。そのため、このふたつが組み合わさって半信半疑という状態ですね。

これが男性との約1時間にわたる対話の記録です。本書での結論に近い話を奇《く》しくもデマ拡散の当事者が語っていました。

ています。

デマを呼び込む脆弱な社会

一方で、防衛省はどのような対策を行っているのでしょうか。取材に対して、こう述べています。

「我が国防衛の観点から、有事はもとより、現段階から、①情報機能を強化することで、多様な情報収集能力を獲得しつつ、②諸外国による偽情報の流布を始めとしたあらゆる脅威に関して、その真偽や意図等を見極め、様々な手段で無力化などの対処を行うとともに、③同盟国・同志国等との連携のもと、あらゆる機会を捉え、適切な情報を迅速かつ戦略的に発信する、といった手段を通じて、我が国の意思決定を防護しつつ、力による一方的な現状変更を抑止・対処し、より望ましい安全保障環境を構築することとしています。

なお、我が国の信頼を棄損する取組（SNSなどを介した偽情報の流布、世論操作、謀略など）は実施しません。具体的には、多様な情報収集能力の確保や諸外国からの教訓・反省の収集共有等により、諸外国の動向の常時継続的な収集・分析をするとともに、プロパガンダや偽情報等の検知・偽情報等のファクトチェック等により、諸外国による情報発信等に関し、情報の真偽を見極め、戦略的コミュニケーション・機密情報の一部開示・情報発信基盤の維持、情報保全等により、いかなる状況でも我が国に有利な環境を構築することとしています。

　このため、情報戦対応の中核を担う情報本部において、専属の部署等を新設したほか、各国の動向に関する情報を常時継続的に収集・分析し情報発信の真偽を見極めるための機能の整備を行っています。また、政策部門・運用部門と緊密に連携しつつ、防衛省一体となってあらゆる段階において必要な措置を講じていく必要があると考えており、情報戦基幹部隊の新設も予定しています」


　かつて関東大震災で、デマによって多くの人が殺されました。しかし、その事実は100年という長い年月が経っても、国や行政が認めようとしない負の産物として今に継承されています。第二次世界大戦および太平洋戦争。国家によって生産されたデマが本来守られるべき国民の命を奪っていった歴史も忘れてはなりません。

　そして、災害。福島第一原発事故という未曽有の災害に直面。長い間、伝えられるべき事実が、秩序維持の名の下に、既得権維持の犠牲となって隠ぺいされてきたその成れの果ての事故でした。

　今、政治の状況はいかがでしょうか。これだけの有事が世界で発生しているにもかかわらず、国内の貧困問題が深刻な社会課題として挙げられるようになったにもかかわらず、相変わらず「政治の信頼を取り戻す」といったスローガンが選挙の公約にも掲げられるほど足踏みを続けています。

マスメディアの姿勢はどうでしょうか。電波という既得権にあぐらをかき、改革が遅れるなか、自らの手で消滅に追いやるような怠慢が続いています。戦争でも、災害でも、そうした中で置き去りになるのが、なすすべもなく自らの力で生きていくしかない、市民である当事者たちの存在です。

この国は、本当に私を守ってくれるのだろうか。そんな「半信半疑」を放置しておくことこそが、デマを呼び込む脆弱な社会であると危機感を抱きます。

だからこそ、私は現場に行きます。すぐそこで手を伸ばしながらも、見過ごされてきたSOSを伝えるために、取材を重ねます。旗を立て、デマの力を無力化するために、これからもあなたに会いに参ります。

おわりに

認知戦による選挙への介入が行われた

第5章を書き終えた後も、デマに関するニュースは絶えません。2024年11月24日に行われたルーマニアの大統領選挙第1回の投票結果は懸念した通りになりました。躍進したのは、極右で親ロシア派のNATO批判者であるカリン・ジョルジェスク氏。決選投票で、親EU派で中道のエレナ・ラスコニ氏を破る可能性があると世界が注目しました。この結果によってルーマニアを西側諸国から孤立させる可能性があると見られていたからです。

しかし、決選投票を前にルーマニア政府が動きました。同国の国家防衛最高評議会が12月4日に機密解除した文書によると、ルーマニアは選挙の期間中、「ロシアによるハイブリッド戦争」の標的となっていたと明らかにしたのです。ロイター通信が報じました。操作された情報、認知戦による選挙への介入が行われたと国際社会に訴えたのです。

ジョルジェスク氏は、大統領選挙第1回投票の前には支持率がひと桁台にとどまっていましたが、ロシアの侵略に対抗するウクライナへの支援を終了させることを掲げ、大躍進を果たしました。機密解除された文書によると、ルーマニアの情報機関は、ジョルジェスク氏の情報はＴｉｋＴｏｋを通じて大規模に宣伝されたと述べています。ジョルジェスク氏に関する投稿動画が優先的に表示されやすくなるようアルゴリズムが誘導していた可能性も示唆され、不透明さが拭えません。ルーマニアの人口、約1900万人のうちＴｉｋＴｏｋの利用者は同国で約900万人いるとされ、影響力は大きいと見られています。

また、ロイター通信によると、同情報機関は、ルーマニアの選挙関連の公式ウェブサイトのアクセスデータがロシアのサイバー犯罪プラットフォームに公開されたと述べると共に、8万5000件以上のサイバー攻撃がシステムの脆弱性を悪用しようとする目的で確認されたとも報告しています。

こうした動きを受け、ＥＵ欧州委員会は12月5日、ルーマニア大統領選で情報操作などの不正の疑いがあるとして、ＴｉｋＴｏｋに対する監視を強化したと発表。ＩＴ企業に違法コンテンツ対策を義務付けたデジタルサービス法（ＤＳＡ）に基づく措置として、選挙プロセスへの介入や偽情報拡散などのリスクに対処するため、ＴｉｋＴｏｋを運営する企業に選挙関連データの保存を求めたのです。

そして12月6日、ルーマニア最高裁が判断を下します。ロシアによる情報操作が疑われる中、大統領選第1回の投票は「無効」だとして、選挙のやり直しを命じました。まさにこの原稿を書いている最中に飛び込んできたニュースです。

この裁判所の命令によって選挙が正常化するのかどうかはわかりません。ジョルジェスク氏に投票した有権者からの反発は必至で、さらなる混乱が広がることも予想されます。読者の皆さんでルーマニアの情勢に注目していなかった方がいたら、今どのような結果になっているかぜひご自身の目で確かめてみてください。この本が出版されている時点で、民主主義は後退しているのか、それとも混乱が連帯と参加への意識を強め、より強固なものになっているのか、そのどちらかはわかりません。

「ポストトゥルース」が選挙で実装された

2024年は世界で20億人の有権者が投票に参加する選挙イヤーでした。多くの国々で与党が議席を減らし、その後の政治が不安定化するという事態があちらこちらで勃発しました。韓国では与野党のねじれで政権基盤の弱い尹錫悦《ユンソンニョル》政権はレームダックに陥り、時代錯誤ともいえる「非常戒厳」を宣言するに至りました。氷点下の寒さの中、市民が国会議事堂前に集まり軍と向き合い揉み合いになるという、混乱に混乱を重ねる事態に発展しました。

フランスの議会下院にあたる国民議会では、少数与党のバルニエ内閣が下院での投票を経ずに来年の予算案の採択を強行し、これに反発する野党から提出された内閣不信任決議案が、賛成多数で可決。内閣は発足からわずか2ヵ月半で総辞職に追い込まれました。左派、中道、右派それぞれが三つ巴となる政治状況が不安定な社会を作り出しています。

アメリカではドナルド・トランプ氏が大統領選で勝利し再び政権を担うことになりました。ワシントン連邦地裁の判事は、トランプ氏が2020年大統領選挙の結果を違法に覆そうとしたとされる事件について、起訴を棄却しました。現職大統領の訴追を禁止する司法省の方針が背景にあります。また選挙前、トランプ氏は連邦当局が担当したふたつの事件などに関連して100件近くの刑事訴追を受けていましたが、BBCの報道によると刑事訴追はほぼすべて取り下げられ、ジョージア州検察が起訴した事件は、審理が停止されるに至ったということです。

さらに、スターリンクやX（旧Twitter）といった巨大な情報プラットフォーム事業を展開するイーロン・マスク氏が選挙でトランプ支持を強く表明し、有権者に現金をプレゼントするなど、なりふり構わないキャンペーンを展開したことも衝撃的でした。メディアや官僚組織に対する過剰な敵意や陰謀論で世論を誘導してきたトランプ氏のもとで、マスク氏は、政府の要職を任されるに至りました。歳出削減を主導する「政府効率化省（DOGE）」のトップとして、官僚組織にメスを入れることになります。国民生活向上のための効率化になるのか、特定産業への利益誘導につながるような大ナタとなるのか、誰のための改革となるのか注目していかなければなりません。

一方でトランプ大統領を誕生させたアメリカ大統領選といえば、「ポストトゥルース」という概念を語らずにはいられません。客観的事実よりも、強い意見、強い言葉、強烈な扇動によって人々の投票行動が左右される事象のことです。ここ日本でも「ポストトゥルース」が選挙で実装されたのだということを実感させられる日々です。

候補者が乱立し、選挙妨害なども注目された東京都知事選に始まり、SNSを有効利用した野党の躍進、政治不信で少数与党を生み出した衆議院議員選挙。「オールドメディア」への不信感やPR会社の発信手法なども大きな話題を呼んだ兵庫県知事選挙など、諸外国と同様、ここ日本でもさまざまな課題が浮き彫りになりました。何が事実で、何が作られた情報なのか。誰が、どこから、どのような目的で自分の心の中に一定の思惑を植え付けようとしているのか、実に注意深く見極めていく必要があります。

子どもたちから大人たちへ。三重県玉城町の取り組み

つい最近、地域創生をテーマにした取材で三重県玉城町《たまきちょう》の辻村修一町長にインタビューをしている際に、思わぬ文脈で「フェイクニュース」という単語が出てきました。

町が取り組んでいるオンデマンド型の乗合バスについて、導入の狙いと効果についてお話を伺っている時でした。車に乗れなくなったお年寄りたちの移動手段を確保することで、交流の機会を増やし、コミュニティを作って、健康寿命を延ばすための取り組みです。乗合バスの課題について質問した際に「フェイクニュース対策も必要になった」というのです。どういうことなのか、突っ込んで聞いてみると、次のような言葉が返ってきました。

「フェイクニュースというのは、大変な問題ですよね。皆さんご存じのように、コロナの時もそうでした。隣町のどこかで『コロナに感染した』と噂されただけで、その人が石を投げられたり、生活が立ち行かなくなってしまったというような話もありました。こうした情報が平然と広まってしまうことがありました。

ですから、これをなんとかしなければいけないと思いました。それで、『子どもたちに

正しく理解してもらおう』と考えたんです。私は学校に行って、子どもたちに直接話をしました。そして、子どもたちが『優しさと思いやり』の宣言をしてくれました。その宣言を通じて、『コロナを正しく理解しよう』というメッセージを子どもたちから大人へと広げていったんです。それはとても良い結果をもたらしました。

ただ最近では国内外の選挙結果やいろいろな事件についても『フェイクニュースじゃないか』と言われることがありますよね。特にSNSを通じて、子どもたちが巻き込まれる事件も多発しています。ですから、一度冷静に立ち止まって、町の皆さんに正しい情報を共有する仕組みを作っていきたいと考えています。

まず、コロナ対応で得られた効果を生かしつつ、次は福祉についても学んでもらおうとしています。具体的には、毎年中学2年生や小学4年生を中心に福祉の授業を実施しています。私自身もその授業に参加して指導することがあります。また、学校と連携して『地域福祉座談会』を開催し、地域住民の方々にも参加してもらっています。一緒に参加できない人たちもネットを通じてつながる仕組みを作っています。これらは、単なるコミュニティ形成ではなく、福祉をテーマにした新しい取り組みです。先生方と力を合わせて進めていることで、我々の町は最先端の活動をしているといえるのではないでしょうか。

しかし、世界中を見渡すとフェイクニュースが原因で地域どころか国家が分断され社会が機能しなくなりつつあります。これは大人社会が悪化させている現象ですよね。だからこそ、子どもたちを通じて、大人たちにも冷静さを取り戻してもらいたいと強く感じています。町としては、このような活動をさらに強化していきたいと考えています。次世代の子どもたちが幸せに暮らせる町づくりのために、大人たちが頑張らなければいけません。

実際、子どもたちの教育を通じて『コロナを正しく知ろう』と呼びかけた際、子どもたちの反応は非常に良かったです。彼らの学びと行動を見て、『大人もしっかりしなければ』と考えさせられる機会が多かったです。こうした子どもたちの冷静な行動や姿勢が、大人たちにも良い影響を与えているのではないでしょうか。この取り組みを続けていきたいと思っています」

苦労に苦労を重ね、人々の交流を生み出し政策を積み上げてきても、フェイクニュースによってあっという間に壊れてしまう分断の恐ろしさがある。身をもって危機感を強めた辻村町長や玉城町のみなさんが取り組んでいる、教育機会の提供は本当に大切なことだと思います。

みなさんおひとりおひとりとの協働が必要です

本書『災害とデマ』では、100年前の情報流通の課題にまでさかのぼって、多岐にわたる事象について振り返り、検証を行いました。一見、時代も、場所も、現象もバラバラのように見えるものでも、こうして一冊の本の中で並べて考えてみると、共通性のあるテーマが浮かび上がってきたかと思います。

SNSでの責任なき発信は次なる厄災を引き寄せます。情報の受け手ではなく、情報の主体者だという意識を強く持つことも求められています。蝶の羽ばたきのような、ひとりひとりのささやかな営みが、次々と連鎖を生み出し、想像以上の速さで世界を動かしていく時代です。まさにバタフライエフェクトです。

負の連鎖ではなく、それぞれが幸せを実感できる正の連鎖を作り出すために何ができるのか、慎重に選択された発信や行動の一助になればと思い、筆をとりました。一方で、大小さまざまな災害が息をつく間もなく次々と襲ってくる昨今です。しっかりと検証し対策を行い記憶に刻むことができる余裕が奪われるほどの頻度です。どの災害も被災された当事者の目線に立つと忘れられない重たい出来事です。だからこそ、書き残しておきたかったのです。まだまだ共有されていない事実がそこにある。だからこそ、現場に足を運び、揺るぎのない事実を持って伝え続けなくてはならない、改めてそう思います。そのためには、私だけの力ではどうにもこうにもカバーしきれません。みなさんおひとりおひとりとの協働が必要です。ぜひ、これからも力を貸してください。多様性のあるチームでニュースを取材し、検証する。学者や政治家からその事象の当事者まで、ジャーナリストたちとチームを組んで速やかに伝えられる未来をより早く実現させたい、あらためてそう思っています。

8bitNewsは2024年春から、岡山県に市民発信のためのスタジオを開設し、本拠地も東京から岡山に移しました。人と人との距離がより近く、より深いコミュニケーションがとりやすい地域から連携して、「小さな主語」で語るニュースを世界に発信していこうというのが狙いです。「不特定多数」のマスとの対話ではなく、「特定多数」の人々との協業で事実と向き合い、丁寧に共有し、行動していくための新たなメディアを極めていきたいからです。それが、私がみなさまからの受信料で育てていただいた恩返しでもあると感じています。どうかみなさん、これからも共に発信を。

最後に、こうして振り返りの機会、伝える機会を与えてくださった、集英社インターナショナルの編集者、川﨑貴久さん、粘り強く本書と向き合ってくださり、ありがとうございました。

参考文献

はじめに

・堀潤『変身　Metamorphosis　メルトダウン後の世界』角川書店、２０１３

第1章

・古田大輔「災害時に広がる偽情報5つの類型　地震や津波に関するデマはどう拡散するのか」日本ファクトチェックセンター、２０２４
・内灘町「液状化マップ」２０１３

第2章

・吉村昭『関東大震災』文春文庫、２００４
・木村松夫、石井敏夫編著『絵はがきが語る関東大震災―石井敏夫コレクション』柘植書房新社、１９９０
・石井敏夫「関東大震災から80年　当時の様子を物語る貴重な資料『震災絵はがき』」日本損害保険協会、２００３
・警視庁『大正大震火災誌』、１９２５
・中央防災会議災害教訓の継承に関する専門調査会「災害教訓の継承に関する専門調査会報告書　１９２３関東大震災【第２編】」、２００９
・公益財団法人東京都慰霊協会「都立横網町公園―震災、戦災の記憶―」

・NHK「100年前の『フェイク画像』関東大震災でも拡散したデマ」2023
・沼田清「[資料] 関東大震災写真の改ざんや捏造の事例（歴史地震・第34号）」歴史地震研究会、2019
・8bitNews「『飛ぶように売れた』関東大震災でも出回った『3万8千人の白骨化遺体を想像させるフェイク画像』100年後のファクトチェック」2024
・時事通信「岸田首相『偽情報拡散やめて』南海トラフ巨大地震注意で」時事ドットコムニュース、2024
・「2024年一般向けモバイル動向調査」NTTドコモ モバイル社会研究所、2024
・総務省「平成23年版 情報通信白書」
・福島第一原子力発電所事故に係る通報・報告に関する第三者検証委員会「検証結果報告書」、2016
・堀潤「総理大臣官邸は『炉心溶融』の隠ぺいを指示したのか？　元内閣審議官が明かす舞台裏と真相」Yahoo!ニュース、2016

第3章

・Ofcom『News consumption in the UK: 2024』2024
・BBC「ニュースの受け取り方、『オンライン』が初めて『テレビ』上回る　英調査」2024
・BBC「【解説】イギリスの騒乱はなぜ起きたのか」2024
・三菱総合研究所デジタル・イノベーション本部「諸外国におけるフェイクニュース及び偽情報への対応」総務省プラットフォームサービスに関する研究会（第8回）、2019
・NHK文研「英BBCニュースに検証の専門チーム "Verify" が発足」2023

・８ｂｉｔＮｅｗｓ「英国ＢＢＣグローバル部門トップのジム・イーガン氏に聞く『権力とメディア 公共放送の役割とは？』」２０１５
・堀潤『僕らのニュースルーム革命 僕がテレビを変える、僕らがニュースを変える！』幻冬舎、２０１３

第4章

・内閣府・防災情報「２０１６年（平成28年）熊本地震」
・熊本日日新聞「【あの時何が 熊本市動植物園編④】『ライオン逃げた』デマで電話殺到」２０１６
・農林水産省「和食文化を彩る『漆』の世界 aff（あふ）２０２２年11月号」
・堀潤「【被災者からのメッセージ11】『私道崩落』で数千万円の自己負担 熊本県西原村10世帯からのＳＯＳ」Ｙａｈｏｏ！ニュース、２０１６
・内閣府『令和元年版防災白書』「特集 第1章 第1節1―3 平成30年台風第21号による災害」
・堀潤「フェイクニュースが外交官の命を奪ったか？ ＮＨＫ検証番組公式ツイッターで中田敦彦、宇野常寛らが警鐘」Ｙａｈｏｏ！ニュース、２０１９
・ファクトチェックイニシアティブ「政府から独立した民産学主体の偽情報・誤情報対策の明記が必要―総務省検討会とりまとめ案に対するＦＩＪの見解―」２０２４

第5章

・アドルフ・ヒトラー『わが闘争（上・下）』（平野一郎・将積茂訳）角川文庫、１９７３

・平井正『20世紀の権力とメディア　ナチ・統制・プロパガンダ』雄山閣、1995
・竹山昭子『戦争と放送　史料が語る戦時下情報操作とプロパガンダ』社会思想社、1994
・白山眞理・小原真史『戦争と平和　〈報道写真〉が伝えたかった日本』コロナ・ブックス、2015

堀　潤《ほり　じゅん》

8bitNews代表理事、わたしをことばにする研究所代表、早稲田大学グローバル科学知融合研究所招聘研究員。一九七七年、兵庫県生まれ。立教大学文学部ドイツ文学科卒業後、二〇〇一年NHK入局。「ニュースウォッチ9」リポーター、「Bizスポ」キャスター等、報道番組を担当。二〇一二年、渡米しカリフォルニア大学ロサンゼルス校客員研究員として活動、市民ニュースサイト「8bitNews」を立ち上げ、二〇一三年四月一日付でNHKを退局。現在は、TOKYO MX「堀潤 LiveJunction」のMCをはじめ、ABEMA「ABEMA Prime」などに出演。

インターナショナル新書一五四

災害《さいがい》とデマ

二〇二五年二月一二日　第一刷発行

著者　堀　潤《ほり　じゅん》
発行者　岩瀬　朗
発行所　株式会社 集英社インターナショナル
〒一〇一−〇〇六四 東京都千代田区神田猿楽町一−五−一八
電話 〇三−五二一一−二六三〇
発売所　株式会社 集英社
〒一〇一−八〇五〇 東京都千代田区一ツ橋二−五−一〇
電話 〇三−三二三〇−六〇八〇(読者係)
〇三−三二三〇−六三九三(販売部)書店専用
装幀　アルビレオ
印刷所　大日本印刷株式会社
製本所　大日本印刷株式会社

ISBN978-4-7976-8154-3 C0295
定価はカバーに表示してあります。

インターナショナル新書

128
全国水害地名をゆく
谷川彰英

近年増加している集中豪雨や台風による被害。そこで地名ハンターの著者が、水にちなむ全国の地名を現地調査。水と闘い、共生してきた人々のエピソードを交えながら、その地名の本当の由来や変遷を探る。

151
冤罪
なぜ人は間違えるのか
西 愛礼

今、司法への信頼が揺らぎつつある。度重なる冤罪事件、検察や警察による「人質司法」など、いったいなぜ日本の司法制度は「劣化」してしまったのか。元裁判官にして冤罪弁護士として活躍する著者による「失敗の研究」。

152
クイズ作家のすごい思考法
近藤仁美

人を「へえ!」と唸らせたい。クイズ作家の仕事は、情報収集力だけでなく、発想力、コミュニケーション力が大事。随所に散りばめられたクイズを楽しみながら、ビジネスや生活に使えるすごい思考法が身につく。

153
役に立たないロボット
日本が生み出すスゴい発想
谷 明洋

労働が役割のはずだが、なぜか日本には働かないロボットがたくさんいる。その理由を関係者たちへの取材を通じて探っていくと、そうしたロボットたちだけが持つ、愛玩や癒しを超えた意外な価値が見えてくる。